公民可以很有事

志祺七七の
議題探究 × 資訊辨識 × 觀點養成
獨門心法大公開

志祺七七——著

目次

第二部

議題案例

個人篇

前言

來一顆給現代公民的「議題維他命」吧！

嘿，這可不是什麼保健食品廣告！

「對生活周遭發生的事情有好奇心，時常觀察社會，有疑惑時能很自然的自己搜尋資料、找答案，並將自己理解的內容表達出來，影響身邊的人。」這是我們心目中，現代公民的樣子。

但是，這些敘述只有看起來簡單，實際做起來可是超級難！我們在經營志祺七七頻道的過程中，發現有很多觀眾跟我們有同樣的煩惱：「在面對不同議題、不同溝通對象時，怎樣才能把一個議題說得清楚又有趣，發揮更大的影響力呢？」

這些疑問，剛好跟我們經營頻道時遇到的問題不謀而合，也因此，我們決定將我們在製作影片時的思考，分享給同樣對社會議題有興趣、想要發揮影響力的你。希望這些內容，除了幫助你釐清想法之外，在將來也能幫助你以更健康強壯的心態，面對未來各式各樣的挑戰。

這本書有哪些內容？

這本書共分成兩個部分。

第一部分是「企劃心法大公開」。在面對新議題時，總是會遇到許多難題，我們把整個團隊面對新議題時曾有過的討論，以及傳播社會議題的相關心法集結起來，可說是志祺七七整個頻道的濃縮精華。

具體來說，在了解一個新議題時，我們觀察到大多數人都會經過五個階段：

- 先有對周遭環境探索的欲望；
- 觀察身邊的現象並產生疑惑；
- 多方蒐集資訊來更了解事情的發展；
- 對資訊做出自己的判斷；
- 最後用自己的方式表達出來，發揮影響力。

從 發現問題 到 發揮影響力

具體來說，在了解一個新議題時，

我們觀察到大多數人都會經過五個階段

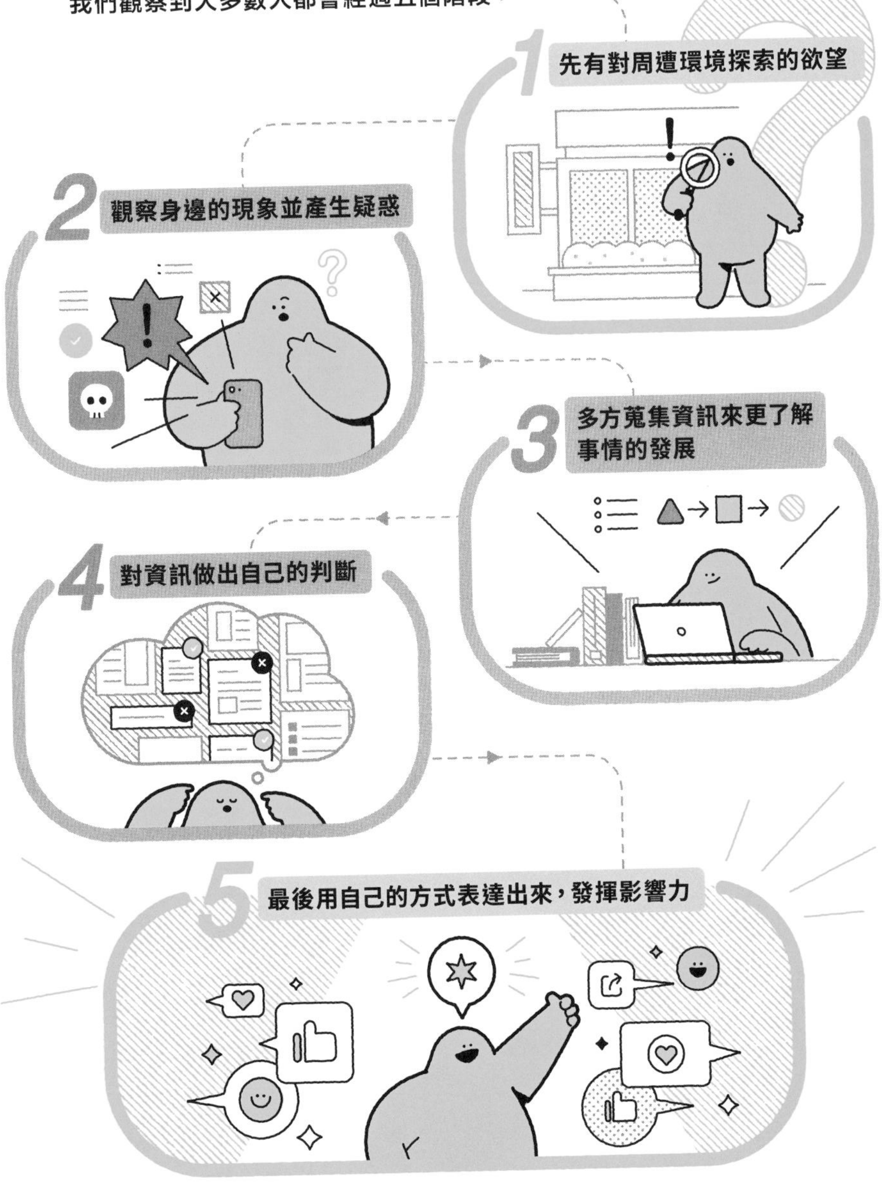
1 先有對周遭環境探索的欲望
2 觀察身邊的現象並產生疑惑
3 多方蒐集資訊來更了解事情的發展
4 對資訊做出自己的判斷
5 最後用自己的方式表達出來，發揮影響力

因此，在第一部分裡，我們將回應每個階段中多數人最困擾的問題，並分享我們的想法脈絡。這些困惑包括：

- **關心社會議題又累又麻煩，為什麼還要繼續？**
- **關心「政治正確」的社會議題，才是好公民嗎？**
- **為什麼需要了解不同觀點？有什麼好處？**
- **「對這個議題我沒有立場，我就中立！」不行嗎？**
- **為什麼我努力說出自己的想法，卻沒人想聽？**

在每篇文章的最後，也會有「工具箱」小單元，像是在路上可以隨時打開來看的錦囊，為你提供具體行動的參考方向。

本書的第二部分，我們從「跟自己做朋友」、「家庭與學校裡那些理所當然的事」、「社會與世界運作的方法」三個角度切入，從志祺七七頻道累積的上千則影片中，選出我們認為值得新世代公民一起了解的十六個主題，這些內容也是我們在經營社會議題頻道的過程裡，以我們的視角，對現在台灣社會環境的觀察，希望這些討論與辯證，也能給你新的啟發。

該怎麼使用這本書？

我們覺得，關心身邊發生的議題，應該是像吃飯一樣平常的事，因此，我們也希望這本書在提供知識和觀點的同時，也是一本能躺在沙發上、邊吃點心邊看的輕鬆讀物。不管是在空閒時一點一點慢慢讀，或是在某個陽光燦爛的午後一口氣看完，都能輕鬆自如。

如果你是正對自己身邊發生的現象產生疑惑，但不知道該從哪裡開始了解和改變的「議題初心者」，我們推薦你可以按照本書的編排依序往下閱讀。如果你有特定的疑惑，或是對某個社會議題很感興趣，也可以把這本書當成你的「公民字典」，在遇到類似問題或疑惑時，翻閱其中一兩章相關的內容。

我們希望這本書能帶給你力量，讓你在遇到挫折時能自在面對，並在過程中逐漸成長。現在，就跟我們一起來看看吧！

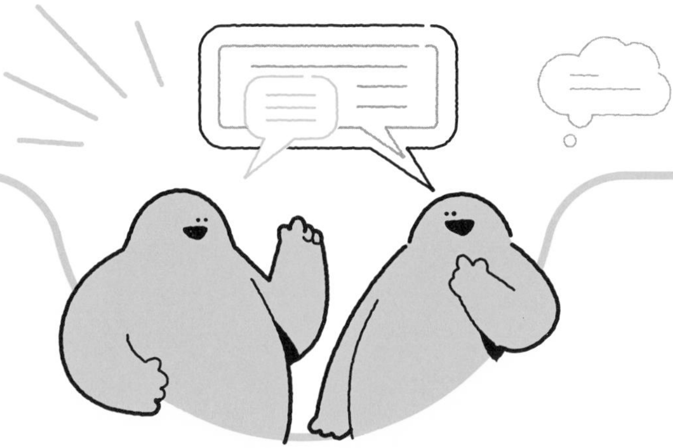

第一部

企劃心法

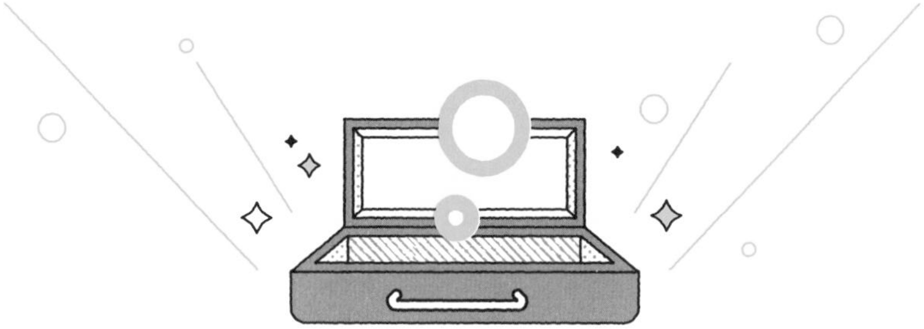

關心社會議題該從哪裡開始？一定要客觀中立才可以嗎？要怎樣才能讓人對不同觀點有更多了解？

這些關心社會議題時會遇到的掙扎與困惑，也是我們在規劃社會議題內容的每一天，都會面對的挑戰。因此，我們集結團隊在梳理不同議題時曾有的討論，從了解議題時會遇到的五個面向切入：

探索發現→觀察發問→蒐集資訊→做出判斷→表達觀點

以我們實際遇到的困惑為例，與你分享面對社會議題時的心法，希望這些分享也能為你帶來一些力量，一起克服過程中的煩惱與糾結。

問題 1

關心社會議題又累又麻煩，為什麼還要繼續？[1]

你有沒有遇過跟別人討論議題，卻愈討論愈灰心的經驗？即使你做了很多功課，對方還是只願意聽自己想聽的事情？又或者，只是在網路上簡單發表自己對議題的看法，就被不同立場的網友罵爆，甚至被朋友斷絕往來。這些事讓你不禁覺得沮喪，關心社會議題的代價好高？

這些絕對都是真的。

事實上，在經營頻道的過程中，我們也常遇到觀眾好奇問：「關心社會議題這麼累，是什麼讓你們願意繼續下去？」

我們從頻道經營開始就堅持每日更新，而這也意味著，我們每天都需要不斷了解和思考議題，同時，也需要面對來自四面八方的質疑。

例如，討論當下熱點新聞時被罵「跟風仔」，不討論時事就被說是「雙標」，因為說了某一方的觀點而被不同立場的人認定是「側翼」、「網軍」、「假中立」等等。雖然常有這樣的聲音，但在這一千多個日子中，我們也發現有愈來愈多人願意停下腳步，傾聽不同立場的觀點、找出新的解決方案，甚至提起信心開始嘗試溝通，也是因為這些正向的回饋，才讓我們有持續下去的動力。

話說回來，關心社會議題雖然有煩心的時候，還是有很多意料之外的收穫：

關心議題讓生活變得更豐富、有趣

說來也很有意思，其實，我們開始關心社會議題的原因，通常都不是為了「改變社會」，而是單純因為了解新的東西很有趣！

每個議題都可說是一個不同的小世界，牽涉許多人、事、物和制度，多認識一個議題，就像是多了解世界的不同面向，也把我們的生活圈往外擴大了一點，知道世界上還有跟我們不一樣的人，他們會這樣思考、那樣生活，更為一成不變的日常帶來一點新鮮感。

了解到每個人都因為自己獨一無二的經歷，對事情有不同的看法之後，會很自然的更願意以開放的心態，去面對跟自己不一樣的想法，能夠逐漸像個收藏家一樣，蒐集各種不同的想法，豐富自己的視野。

人生沒有標準答案，但思考議題能幫助我們找到自己的答案

了解議題的過程，也能讓我們深刻的認知到，世界上的可能性有非常多種，我們現在遇到的問題，到了另外一個時空背景，也許就會有不同的答案。

在各種時空背景中，產生了擁有各種價值觀的群體。他們怎麼生活、怎麼想事情、怎麼面對生活中的難題，雖然我們未必認同，但反過來說，這也能幫助我們釐清自己想要什麼、不要什麼，並逐漸產生一套自己心中判斷是非對錯的標準，建立自己的價值觀。

舉例來說，了解同婚議題時，不只會看到支持方對於「平等」的重視，也會看到帶有宗教背景的反對方，對傳統家庭結構的堅持。看完兩邊截然不同的理念後，我們也可以回過頭來想一想，自己會怎麼看待他們在意的價值，如果你支持同婚，你會怎麼看待那些宗教對家庭價值的重視？如果你是反對方，你又會怎麼看待自由與平等的訴求？

經過這些思考，我們也能慢慢摸索出屬於自己的答案，變得更了解自己。

思考議題的經驗，讓我們有更多武器面對未知挑戰

了解議題時培養的思考力，也是我們面對未知挑戰的好幫手！透過廣泛了解不同議題，我們逐漸能產出自己的觀點；深度思考的習慣，也能幫助我們從累積的想法中，提煉出面對未來的可行方向，更有機會跳脫框架，找到雙贏的解決方案。

跟創新思考有關的研究指出，一個人可以產出的想法，往往不會超過自己已知的範圍，因此，我們的那些創新想法，往往不是無中生有，而是來自於好幾個已知的舊事物，將舊有知識重新連結後，配對出新的組合。換句話說，經歷得愈多，我們的大腦資料庫就有更多的素材，配對出愈多種可能。

因此，累積了愈多深度思考、產出觀點的經驗，就像是幫自己打造一台時光機，讓過去的經驗可以在未來派上用場，也能讓自己有順應世界變化的能力，擁有更多武器去面對新事物的挑戰。

深度思考為生活帶來正向循環

經營頻道時，我們需要透過各式各樣的方法，輸出自己對議題的理解，這個過程不只是釐清我們自己的想法，也將散落的資訊，轉化成屬於自己的知識。

釐清想法的思考過程，讓我們養成了持續發問、自己找答案的習慣，進而拓展了眼界。這些對世界的新認識，也反過來讓我們對更多事情產生好奇，主動去了解，這樣的正向循環讓生活變得更加豐富。

除了自己的成長之外，我們也發現有愈來愈多人願意一起參與議題的討論，這些激盪想法的過程，也讓我們彼此都收穫了很多新觀點，並成為一起成長的夥伴。因此，對我們來說，關心社會議題不只是一個能帶來趣味的生活習慣；練習思考和產出觀點的過程，也給了我們很多正面影響：有可觀的成長，也收穫珍貴的夥伴。

工具箱 2

「批判性思考」幫你跳脫框架，想的更深更全面

「想練習深度思考議題，可以從什麼地方開始呢？」希臘哲學家蘇格拉底也推薦的「批判性思考」值得你了解一下。

批判性思考（Critical Thinking）可以說是一種探索性的思考方式，深度挖掘我們已知的事實，透過不斷的質疑和辯證，幫助我們避開盲點，用理性的方式尋找證據，推論出合理的結果。

不過，批判性思考不斷質疑現狀，並不是為了要「批評別人」或「找到別人的漏洞」，以這些來證明自己的優勢，而是要透過思辨的過程，讓自己對事情的想法更深入和完整。以下我們整理了三個步驟，一起來練習跳脫框架的思考吧！

1 質疑一切理所當然的事情

思考在某種程度上可以說是個「體力活」，因此大腦天生就有幫助我們偷懶不思考的機制，因為……思考真的很累啊！

然而，當我們開始對那些看起來理所當然的事情，提出「為什麼」的疑問時，大腦就會開始動起來，刺激我們繼續思考，深入了解這些事情發生的前因後果，和社會上普遍願意接受這件事的可能原因。像這樣常常提出質疑的做法，能夠幫助我們跳脫思考慣性，把事情的細節和前因後果想得更透徹。

舉例來說，校園裡就有很多看似理所當然的事情。像是，男生的制服絕對不是裙子，而女生卻理所當然的需要穿裙子上學；早上課程開始前有早自習和全校朝會、下午課程結束後還有第八節課等等，這些看似理所當然的配置，在我們提問「為什麼」之後，就會幫助我們看見議題裡的更多面向，不只能深入了解每個制度和慣例產生的原因，也能從這些討論中，找到發起改變的可能切入點。

2 理性推論，找出事實資料之間的關係

批判性思考是根基於事實的思考方式，因此我們也需要把我們處理的訊息區分出「事實」和「推測」兩部分。事實是我們推論的基礎，因此我們將先從事實入手，用資料找出事件間的關係。

以「要不要廢除早自習」這個議題為例，面對很多事實資料，我們可以從時間順序入手，釐清引發這項討論的導火線「有人在政策提案平台上提案，萬名網友附議通過」，知道前後發生了什麼，進而了解到在這次事件中的網友、學校、教育主管機關，是怎麼看這件事的。再來，也可以從比較網路上支持與反對的聲音中，找出相同和相異的地方。如果能找到國內外類似的案例，比較國內外在面對這件事情上的做法，也能幫助我們找到新的思考方向。

在釐清眾多事實間的關係後，我們才能綜合並根據現有的情況，做出進一步的推論與判斷。

3 持續挑戰自己的判斷，完善想法

批判性思考也非常重視反覆辯證的過程，因此，不只是要質疑現有的情況，也需要持續挑戰自己做出的推論和判斷。在持續的「質疑現象↓找證據完善想法↓做出推論與判斷」過程中，讓自己對事情的了解更完善，也對事情有更縝密的推論。

終結人云亦云：批判性思考練習

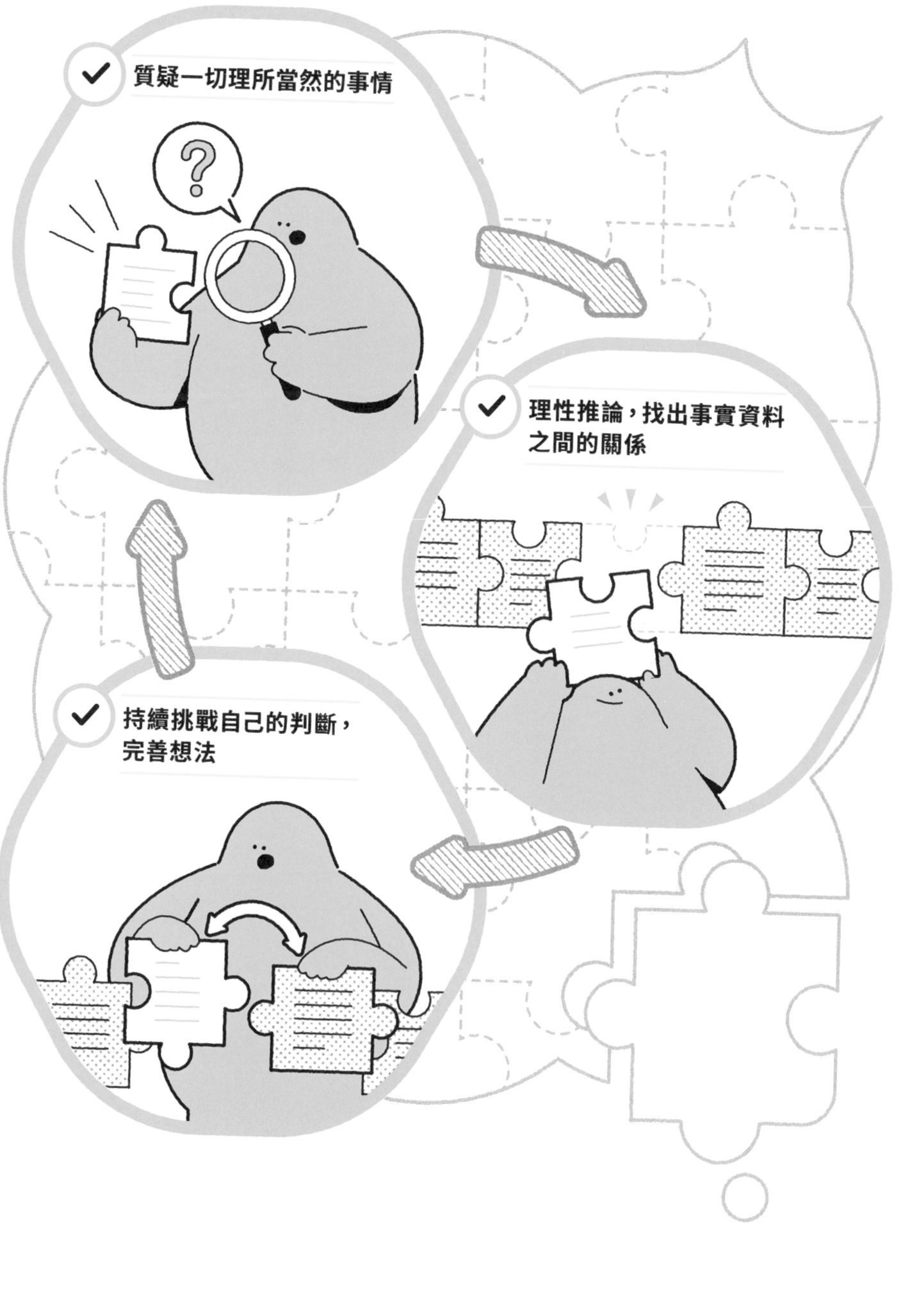

問題 2

關心「政治正確」的社會議題，才是好公民嗎？

「如果沒有特別對哪個議題有興趣該怎麼辦？」「我關心的議題一定要跟弱勢有關嗎？」你也曾煩惱過，要關心哪些議題，才算是個稱職的好公民嗎？

說到要關心哪些議題，有時，不只是我們自己在煩惱每天影片的主題，網友也會著急問：「你們為什麼都只關心A，不關心B？」「這麼重要的時事，為什麼你們都沒講？」我們也因此收穫了非常多選題上寶貴的建議。

不過我們也觀察到，不同影片底下，提出這些問題的網友每次都不太一樣，似乎在大家心裡，都有一套自己對於「關心社會」的標準，覺得必須要涉獵到哪些主題，才算稱職。

因此，這一章我們想聊聊「到底要關心哪些議題？」這個我們在經營頻道時經常反覆思考的問題，以及「一定要關心弱勢嗎？」和「一定得關心國際議題嗎？」

這兩個討論議題時常見的困惑。希望分享這些思考的過程，也能為你帶來一些力量，繼續深耕在你感興趣的議題領域中。

自己感興趣的議題，就是最適合的議題

如同上一章提到的，大部分人關心社會議題的初衷，其實不是為了要改變社會，反而是因為發現了身邊有趣的事物，自然而然就開始關注了。不過，就算有再多熱忱，我們也必須承認，不管關心哪個議題，都是非常花時間又耗心力的事，在我們有限的時間裡，不可能關注到每個議題，也不可能給每個議題同樣多的關注。

那麼，你肯定也會好奇，這麼多議題中，有沒有特別值得關注的呢？

其實，議題可能有大有小，有些近年才出現，有些已經爭論多年；有些只跟一小群人有關，有些則是整個國家，甚至世界上多數人都關心。我們因為自己的生活經驗、習慣、喜好等因素，不只是在每個議題中，會產生不同觀點，對於哪個議題比較重要，我們每個人也都會有自己認同的排序。

因此，究竟哪個議題比較值得關注，並沒有標準答案，想關心什麼議題都是可以的。這些議題也沒有好壞優劣之分，不論是廣泛接觸多個議題，或長期深耕在一

個領域，都很值得鼓勵。

以經營社會議題的頻道來說，我們在選擇時事議題時，除了這項議題需要有足夠多的內容可以寫之外，讓我們花更多時間思考的，並不是「這個議題值不值得關注」？頻道觀眾的需求對我們來說更重要，考慮的是「觀眾能不能從我們的內容中獲得新的收穫」？因此，不只是選題，在撰寫內容時也會思考，我們呈現出來的內容，是否能讓對議題抱持相反立場的兩群人，都能夠從我們表達的內容中獲得新的觀點，或更了解彼此一些。

從個人的角度來看，尋找跟自己有關、有興趣的議題開始投入，就是我們很推薦的方向！

像是頻道的企劃群中，我們每個人除了平常參與製作影片內容之外，也各自都有從自我生活經驗出發，平常就會多留意的議題。對我們來說，這些與我們有關、吸引我們長期關心的主題，才是踏入這個領域的初衷，也是我們即使不繼續參與頻道，還會持續關注的內容。

如果你還沒決定要從哪裡開始，只要從自己身邊仔細找找看，一定會有合適的主題值得投入。舉例來說，台灣每隔幾年就會有的選舉，就是很好的切入點。藉由選舉可以認識自己生活的環境中，正在發生的事情之外，也可以了解到選舉制度、地方問題、產業發展等不同面向的主題。

不過，雖然說要從身邊的議題開始，有些議題是不是比較受大多數人認可啊？

常見迷思1：一定要關心弱勢嗎？

的確，像是身心障礙者、低收入戶、遊民等，大眾普遍認為弱勢的群體，他們的社會福利、長久以來的結構性問題，都是值得我們關注的領域。然而，這並不代表我們一定要將參與公共事務的精力，全都放在這些群體上；也不代表我們一定要關心特定哪個弱勢群體，才算得上是個「夠格」的好公民。

另一方面，弱勢其實是一個相對的概念，每個議題裡都有很多利益相關者，有在這個議題脈絡下，相對優勢的一群人，以及比較沒有發聲機會，或利益受損的另一群人。然而，在這個議題中占有優勢的人，卻可能在其他的議題裡，成為弱勢。

因此，主張「關心弱勢」的概念背後，除了鼓勵我們關懷那些比較沒有發聲機會的人，也是在強調同理他人的心態，鼓勵我們在關心議題時，也要學習看到不同人的處境，並且從結構面來思考，怎麼改變這些不平等的狀態。而且，我們每個人都有機會成為相對的弱勢者，現在為弱勢發聲的我們，也是在為未來可能變成弱勢的自己付出。

常見迷思2：一定要關心國際新聞、有國際觀嗎？

還有一個跟社會議題有關的常見迷思是「國際觀」。我們常會在媒體上看到鼓吹「要有國際觀」、「要看國際新聞」，或是討論「台灣人沒有國際觀」的文章，往往都會引發熱烈回應。不過，國際觀真的是關心社會議題的必備技能嗎？

讓我們先來看「國際觀」代表什麼意思吧！在 Google 上搜尋「國際觀」，大部分的討論往往包含幾個面向，像是：

+ **願意關心世界各地發生的事情；**
+ **知道世界各地現在發生了什麼事，以及變成這樣的原因；**
+ **找到自己跟某個國際事件的關係，了解這件事對我們產生的影響。**

綜合來看，大部分文章強調的國際觀，指的並不是「有看國際新聞」之類的行動，而是指一種開放接納不同事物的心態。簡單來說，是主動接觸和了解更多外面世界發生的事情，給自己更多養分，深度思考個人處境的一種觀念。

因此，這個主張的本質，並不是要求我們非得把全部注意力放在跟國外有關的事情上，反而是強調「願意主動了解自己以外的世界」，以及「不排斥了解外面的世界」的心態。不論是從身邊的小事著手，或是了解相隔一片海洋，另一個國家正在發生的事情，都可以是我們關心社會的方式。

不過，基於拓展視野的角度，我們也很推薦有空時，可以多了解其他跟我們不一樣的文化裡發生的事，你就會發現更多、更有趣的世界喔！

啟動原廠內建的好奇心，別錯過這個有趣的世界！

對事物產生好奇心，是我們的大腦天生就有的能力，啟動你身體內建的好奇心，藉由關心不同的人、事、物，不只可以豐富自己的視野，也能發揮影響力，進而推動改變。

所以到底要關心什麼議題呢？我們認為，沒有什麼是一定要關注的議題，每個人都可以自由分配自己的時間與精力，投入自己有興趣的主題。就像我們在選影片主題時，也不會規定自己只能討論當下的時事，或嚴肅複雜的主題，我們也會在頻道中，聊聊我們也很有興趣的二次元、動漫等，帶有「宅屬性」的主題；網路熱議的奇怪口味食物、獵奇的生活實驗等，也是我們涉獵的範圍。

關注哪些主題並不是重點，我們也不需要勉強自己在有限的時間裡，深入了解每個議題。最重要的是，不排斥了解任何自己不熟悉的事物，才不會錯過這個有趣的世界喔！

工具箱

用問題釐清想法，三個你值得擁有的提問技巧1

要深入了解一個議題時，必然會遇上自己不熟悉的知識領域，也可能在梳理資料的時候，產生很多疑惑。這時，不管是要往下繼續找資料，或是要請教領域內的前輩，「問對問題」都能讓過程事半功倍，精準得到想要的資訊。以下是了解議題的過程中，常用到的三個提問小技巧，你一定不能錯過！

1 問具體的問題，找出明確的方向

問個範圍明確、內容具體的問題吧！「具體」相對的是「籠統」，舉凡提問範圍太大，或是提問目的不明確、意思不清楚，都可能讓被問的人不知道該怎麼回答。這時候，即使他很願意幫忙解惑，但當問題太發散時，也不一定能回答到我們想知道的重點。

另外，問出一個方向不明確的問題，也顯示提問者可能還沒有想得很清楚，只是倉促想要獲得一個答案，因此就算有拿到答案，也不一定真的能解答疑惑。

該怎麼讓自己的問題更聚焦？我們可以試著先把問題寫下來，將原本發散零碎的想法，試著用書面方式好好表達，並藉此釐清自己的問題是否真實、明確，以及未來還可以從這個問題中，延伸往哪個方向繼續追問。

2 問開放式的問題，開啟更多可能性

如果要做問卷統計，像是「你是否知道〇〇？」或是「你有沒有遇過〇〇？」等封閉式的提問，可能會讓統計結果更加明確，然而，如果我們是要探索更多的可能性，封閉式提問事先預設好了答案範圍，反而會局限思考，把自己困在既有的框架裡。

這時，問一個開放式的問題，可以讓被請教的人有更多空間來表達想法，不會只困在一個答案裡。舉例來說，我們在影片標題中常提出用

「為什麼」開頭的問題，就是一種開放式提問。還有像是「如果角色對調，你會怎麼做呢？」「你認為可以怎麼做，讓更多人願意支持呢？」等，沒有預設標準答案的問題，反而可以刺激大家進一步的思考。

因此，如果希望獲得更多資訊，問開放式的問題不只是給回覆者更大的發揮空間，也讓我們比較有機會能從對方的回覆中，找到可以延伸的切入點，繼續深入討論。

3 問完還可以再問！從對方的回答中追問更多細節

問問題的過程，往往是有來有往的互動，從對方的回答中，我們可能會看到有趣的新方向，想要往下深挖細節，因此，從對方的回答中延伸追問也很關鍵。

這時，我們可以先從比較大的方向開始詢問，再從對方的回應中，慢慢縮小詢問的範圍，對細節提問。像是「你剛剛提到了〇〇，可以請你舉個具體的例子嗎？」「關於這個方向，能不能請你再詳細說說你的看法？」等等，適時追問來引導對方說得更多。

另外，在過程中用自己的話重述一遍對方的看法，像是「聽完你的分享，我的理解是〇〇，不知道這樣的理解，跟你想表達的意思一不一樣？」向對方確認自己的意思是否有完整的傳達到，除了可以適時確認自己的理解外，也是能引導對方說得更多的小技巧喔！

問對問題找答案：提問技巧大揭密

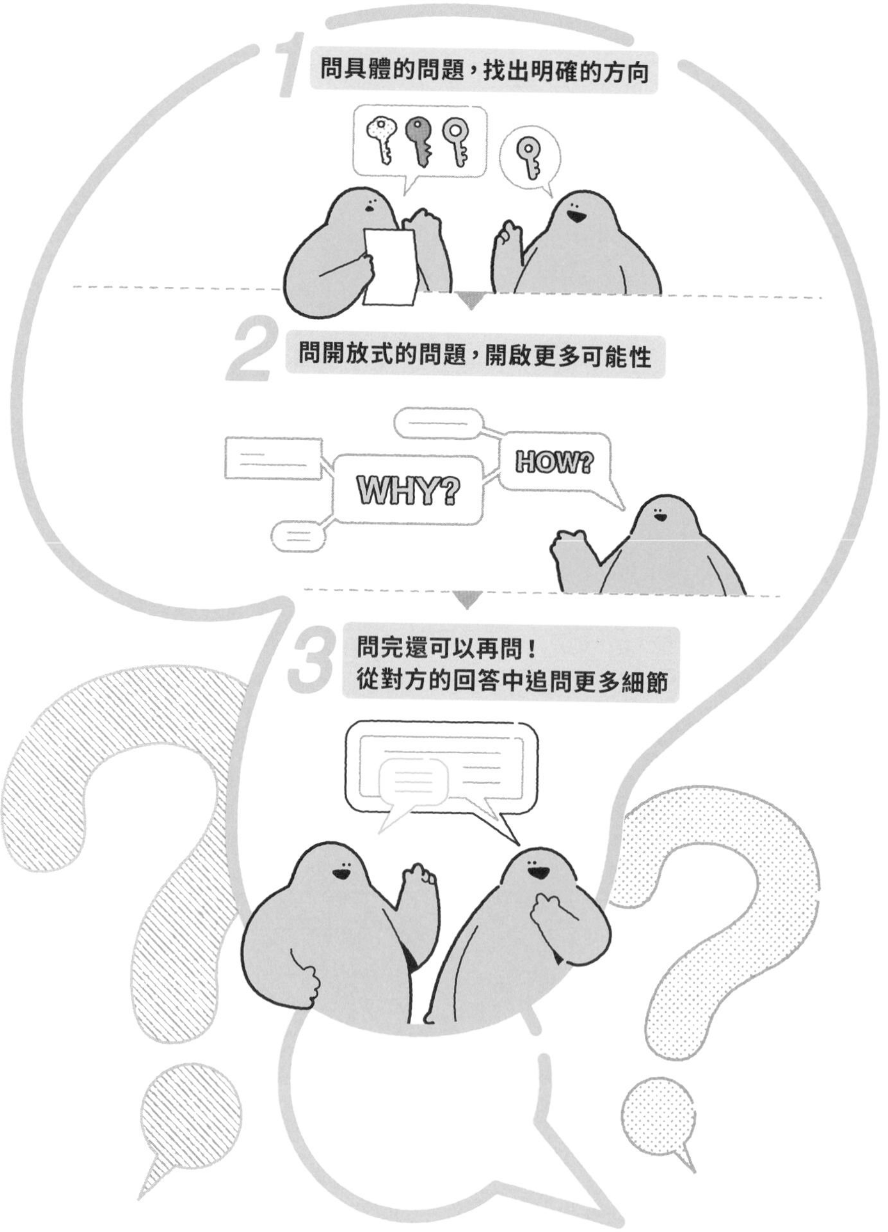

問題 3

為什麼需要了解不同觀點？有什麼好處？

你有沒有遇過跟別人討論議題，卻愈討論愈灰心的經驗？即使你做了很多功課，對方還是只願意聽自己想聽的。又或者，只是在網路上簡單發表自己對議題的看法，就被不同立場的網友罵爆，甚至被朋友斷絕往來。讓你不禁覺得沮喪，覺得關心社會議題的代價好高？

我們在製作社會議題影片時，除了梳理事件發生經過之外，還會盡量將各方觀點都呈現出來。有時候，就會有網友疑惑：「列出各種觀點，每個都罵，是要表現自己最有道理、最厲害嗎？」

其實，我們堅持要在影片裡呈現多方的觀點，是因為我們始終相信，社會議題的討論不應該是非黑即白的，而是有很多可以討論和折衝的空間，讓我們交流意見後，一起找到彼此都能接受的方案。因此，在討論的時候，先了解不同人對這件事情的看法很有必要。
為什麼這麼說呢？先讓我們用一個故事當例子。
你有聽過「盲人摸象」的故事嗎？故事大概是說，有一群盲人因為摸到同一隻大象的不同部位，而對「大象長什麼樣子」產生了爭執。一個摸到了大象鼻子的人，覺得「大象」長得細細長長的，身體柔軟，可以展開或是捲起來，尾端的地方還時不時會噴氣。在他的理解裡，大象應該是身段了得，擅長跳舞的角色。不過，摸到象腿的人就不這麼想了，在他看來，大象的皮膚有兩種不一樣的質地，大部分粗粗厚厚的，但是，有一小部分竟然稍微有點光滑感，而且，大象應該是粗粗短短，身材矮胖的樣子啊！
另外一個人摸到了大象的身體，大大反對前兩位的說法。他覺得大象才不是什麼細細長長的生物，大象不只胖胖的，還超級大！是那種需要好幾個人一起，才能環抱住的龐然大物。
知道大象真實長什麼樣子的我們，心裡可能正在偷笑，想說這三個人竟然都沒有發現，自己摸到的只是大象的一部分。因為這三個人所形容的大象，都對，也都不對。
他們每個人都因為站的位置不同，感受到不同的細節和視野，而對大象有了不同的解讀，不過，也因為只能看到其中一個角度，對事實的理解就有所偏差。相對的，因為我們可以從大象的諸多特徵中組合出全貌，我們所了解的大象，就比故事裡的三個人，更接近真實的樣子。

了解多元觀點，幫助我們洞察事情的全貌

一個議題，就很像故事裡的大象，從不同的角度看，會有不同的理解。如果在了解議題時，都只看到其中一個角度，很容易就會像故事裡的三個人一樣，都偏離了真正的事實。因此，了解議題不只需要了解局部的細節，從整體的角度來思考也有其必要。

這種不只看局部，還要看整體面貌的思考方式，我們可以稱為「全局觀」，也就是比較宏觀的思考方式。

全局觀很像看電影時的「上帝視角」，我們不只會知道正派角色的想法，也會看到反派的詭計，進而從不同視角了解每個角色行動的原因。透過這個全知的視角，我們對故事的發展有更清楚的想法，也更能同理每個角色的難處和動機。

那麼，擁有全局觀有什麼優勢呢？

想像我們走在路上，如果只能看到自己眼前的兩條岔路，就只能憑運氣猜猜看，到底哪條路是對的。但是，如果有機會看清楚周圍的路線方向和路況，我們就能夠判斷出走哪條路能避開障礙，最快到達目的地。盡可能蒐集各方情報、看清楚事物間彼此的關聯，從整體的角度做出判斷，就是全局觀帶給我們的優勢。

那為什麼討論議題時，特別需要擁有全局觀呢？

從整體的角度思考，找出雙贏做法

一個議題會引發討論，往往是來自代表不同利益或價值觀的人，對一件事產生了不同的想法。但不論再怎麼爭執，討論這些事情的最終目標，是為了生活在同一個空間的我們，希望能找到彼此都比較能夠接受的方式，分配有限的資源，一起生活下去。

因此，先了解各自不同的觀點，除了可以釐清整件事的癥結點，也更有可能從整體的角度來考慮，找到我們都能接受的雙贏方案。

舉例來說，在討論逃跑移工議題時，除了看見外籍移工在異鄉的困境、部分雇主或仲介對移工的壓榨之外，我們也需要討論到「為什麼台灣需要引進這麼多外籍移工」這個結構性的問題，從而了解到，台灣社會不只是提供相對高薪工作機會的角色，在這個問題上，也是有急迫勞動力需求的一方。

了解這些面向後，解決問題的方法，就不會只是單純對個別移工的同情，或是對惡劣雇主和仲介制度的責怪，我們更有可能進一步討論到，在目前的情況下，該怎麼完善既有的勞動法規和聘雇制度，來保障移工、雇主、仲介等多方的權益，讓移工在合理環境中付出的勞動，換取合理的報酬；讓不同雇主的勞力需求能被滿足，仲介也能發揮自己的專業。

此外，一個議題往往不只有正反兩種觀點，在複雜的議題中，往往還有很多可以討論或讓步協商的空間。舉例來說，在「全然支持」和「全然反對」這兩種比較強硬的立場之外，還可能會有「有條件支持」，或是「部分反對」等不同的聲音。

這些聲音反映了每個人跟這項議題的關係，也可以讓我們釐清每個人心中的價值排序，辨識出在議題裡，哪些項目對我們都很重要，哪些項目不是我們心中最優先的考慮，在說服彼此時，順利找到有共識的切入點。

綜合前面的討論，了解多元的觀點，除了可以更接近事實的全貌，也能帶給我們較多資訊，幫助我們從整體的角度思考，找出雙贏的解決方案。

除了這個好處，了解多元觀點對我們的思考也很有幫助喔！

吸收各方優點，完善自己的論述

根據傳播學和心理學的研究發現，當我們吸收資訊時，更容易接納與自己立場相同的訊息，並且藉此進一步強化自己的立場。另外，這些資訊怎麼呈現，也會影響我們對議題的了解方式。如果我們看到的是用負面詞彙來敘述的資訊，就更容易對那件事有不好的觀感；相反的，如果我們看到更多正向的說法，對那件事就會有比較正面的印象，更傾向支持這方觀點。

也就是說，我們所了解的資訊，其實會很大幅度被我們的消息來源所影響，如果我們只接收單一來源、單一立場的資訊，即使看了千百份資料，最終，也只是吸收到單一觀點，強化自己原本的看法。

如果能夠多了解不同的觀點，嘗試去理解不同背景的人為什麼會做出這些決定和行動，也就能夠刺激我們再次思考，找到自己更加認同的方向；或是藉此機會找出自己論述中比較薄弱的地方，吸收他們的優點，讓我們的論述能夠更加完善。

總結來說，多方了解不同的觀點，並不是為了要逐一反駁每一項論述，展現自己很厲害，反而是藉由這個過程，可以避免只根據片面資訊就做出最終判斷，也能幫助我們在各種觀點中間，找出彼此都可以接受的做法，進一步推動社會的改變。

工具箱

我有認真 Google 啦！判斷資料是否值得參考的三個方向

「我想練習深度思考議題，可以從什麼地方開始呢？」」希臘哲學家蘇格拉底也推薦的「批判性思考」值得你了解一下！

前面聊到媒體來源會影響我們對事物的看法，那麼，怎樣才能在幾百萬筆搜尋結果當中，找到比較可信、有品質的資料呢？

在回答這個問題之前，我們需要先取得一個共識，那就是，值得參考的資料代表著：有明確來源，且經過一定的查證過程，相對客觀的資料。然而，這不代表這一定是最接近真實的看法，每筆資料都只是了解事情全貌的其中一個面向，最終，我們還是要靠自己篩選和判斷。

不過，判斷資料是否值得納入參考，還是有一些比較受各領域認可的方法。接下來要分享的是，三個我們常用的判斷方式：

1 是否來自有公信力的媒體？

簡單來說，就是大眾幾乎都有聽過、長期經營，被公認有公信力的媒體，像台灣的公共電視台，就屬於這種。這類媒體不只是有專業的新聞產製流程和檢核機制，也比較願意提供多元的消息來源，不會只傳播單一來源、單一立場的消息，引述資訊時，通常也會附上消息來源，相較於內容農場、私人部落格，或是沒有標注作者和訊息源的資訊，是比較值得參考的。

2 是否為同領域普遍認可的專業知識？

如果議題涉及到專業知識，往往需要尋求專家的意見，但是，不具備專業領域知識的我們，也難以判斷專家提供的資訊是不是合理可信的，這時，如果同領域的其他專家能為這個說法背書，就大大增加了資訊的可信度。發布在專業期刊的文章，就屬於這個類型。

在每個專業領域，都有全世界該領域的專家共同認可的期刊或書籍，想讓研究成果被發表在這些地方，內容必須要經過很多同領域專家的匿名審查。因此，能夠被發表的內容，往往也會被認為是受到認可、值得參考的資料。以 Google 相關服務為例，在 Google Scholar 上搜尋關鍵字，就可以找到這些專業文章囉！

3 交叉比對資料的真實性

如果，搜尋很久還是沒辦法找到有公信力的消息來源，那我們也可以發揮偵探精神，把多個不同來源的資料交叉比對，找出資料間比較合理的脈絡。例如，從時間順序、邏輯合理性等不同方向，判斷哪些內容比較值得採納。

從砂礫中挑珍珠：如何辨別假資訊

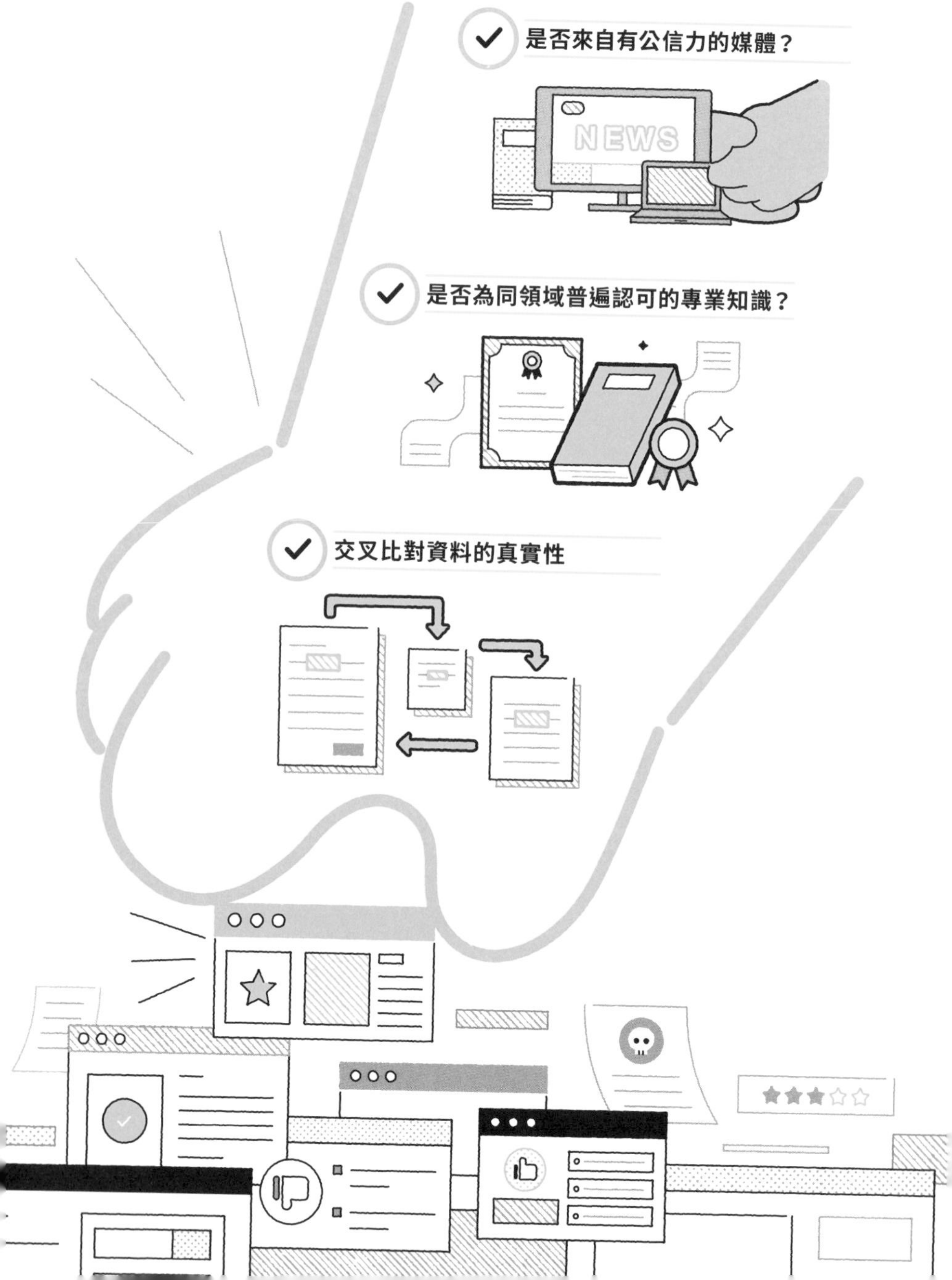
是否來自有公信力的媒體？
NEWS
是否為同領域普遍認可的專業知識？
交叉比對資料的真實性

問題 4

「對這個議題我沒有立場，我就中立！」不行嗎？

「這件事我沒有立場，我哪邊都不支持。」

「〇〇〇講得很不客觀，立場這麼偏頗不能相信啦！」

你也常聽到這些關於立場的說法嗎？這一章，我們想聊聊在討論公共事務時，大家都抱有很大期待的「中立客觀」。

在頻道留言，以及PTT、Dcard等論壇對志祺七七的討論中，幾乎每個月都有網友提出：「志祺七七這個影片感覺很不中立欸！」或是：「志祺七七都只講某黨好話，根本就假中立吧！」等評論，質疑我們在選題或陳述事件時，沒有保持在「超然中立」的角度，不符合大眾對自媒體討論社會議題的期待。

嗯，他們說的都對。

不過，這並不是像網路哏圖那種「放棄溝通」的情境，因為，我們確實不是一個中立客觀的團隊啊！

從開始經營頻道時，我們就不主張以「中立客觀」的角度來呈現影片，這是因為，不論是對影片主題的選擇，或是對呈現細節的篩選，早就透露出了我們對於這些事情的重要性排序，也呈現出我們的立場了。

因此，我們想要做到的，並不是站在超然的角度來陳述議題，而是盡可能呈現議題裡的各方觀點，幫大家整理出一個好讀易懂的脈絡，一方面，讓接觸議題變得比較輕鬆，吸引更多人來關注；另一方面，也希望大家能夠根據既有資訊，自己去做最後的判斷。

期許自己「相對客觀」，而不是「絕對客觀」

我們也認為，討論社會議題的時候，中立與客觀並不是唯一標準，這是為什麼呢？先讓我們從「中立」和「客觀」，這兩個詞的意思開始說起吧！

首先，中立的意思，是站在兩邊的中間，代表不偏袒任何一方，但是同時，也可能包含「不表態」這個情況。另外，因為是指在兩邊的中間，所以其實中立是一個「相對」的概念，指的是相對於我們現在正在比較的這兩種想法的中間，而不是指一個絕對的中心點，因此，也很難有所謂的「絕對中立」。

客觀，則是相對於「主觀」，指的是從不特定的一個角度來觀察，所產生的觀點。因此，我們常聽到的客觀事實，就是不管從哪個角度來看，都還是那樣的事情，可以說是「地球上不管走到哪都對」。

說到這，你有沒有發現，「絕對客觀」其實是超級難達成的狀態，即使是現在普遍被認可的科學事實，也可能在未來因為有新的發現而被推翻。

討論社會議題的時候，我們都是在既有的事實上，因為自己的經驗、所處的情境、心中的價值排序等不同條件，而對議題產生不同的觀點。因此，可以說在討論社會議題的時候，幾乎沒有什麼「絕對客觀」的看法，因為每個人都會有自己主觀的判斷。

那該怎麼辦啊！如果討論議題不能中立客觀，還有什麼意思？

討論社會議題，是為了找出生活在同一個時空裡的我們，彼此都可以接受的未來方向，讓事情可以往下推進。因此，在討論時，我們可以期許自己做到的是「相對客觀」，盡可能蒐集多方資訊，不要根據片面訊息妄下判斷。

但是，我們很難，也沒有必要，在討論社會議題時要求自己或他人做到絕對客觀，因為根據每個不同的情況，我們會有當下自己覺得最適合的判斷。而且，一味堅持「我客觀」、「我中立」、「我沒有立場」，也可能會造成新的問題。

一味追求中立與客觀，可能讓事情變得更糟糕？

我們往往是因為遇到新問題，需要找出可行的解決方案，決定要不要選哪種方法繼續進行，才會有這麼多的討論和爭辯。因此，對議題一直保持「中立」，相對來說，也意味著「停滯」，擱置目前遇到的問題，放任事情維持在原本不好的狀態，阻止事情改變。

這樣一來，其實就跟反對改變的一方，有相似的看法了！另外，如果一直堅持保持中立客觀，兩不相幫，不管當下事情的變化，也可能會讓錯誤的訊息被傳得更遠，反而錯過了讓事情變好的機會，之後還得花更多力氣來扭轉局面。

因此，我們不只不會說「我們很中立」，也認為在討論社會議題時，每個人都應該要勇敢表達出自己的觀點；而不是受限於「中立客觀」的魔咒，一直逃避做決定，讓每件事都停滯不動；或是用這個魔咒去困住有想法的人，讓更偏頗的意見主導事情的發展。

有觀點才有力量，勇敢表達自己的看法！

盡可能了解多種觀點，努力接近事件的全貌，用相對客觀的態度了解議題，是我們在分享社會議題時，希望達到的目標。但是，我們也希望自己能在需要表達想法、推動改變時，不要害怕做出選擇，也能夠勇敢捍衛自己的觀點。

很多人可能會覺得，保持兩邊都不幫的態度，才能讓自己看起來很中立、很高級。但事實上，如果一個人總是搖擺在不同立場之間，或是一直逃避做決定，反而會讓人覺得，「這個人都沒有自己的想法」，說出來的話反而沒有力量。

相反的，如果有自己的觀點，而且很清楚自己是根據哪些資料和推理，產出這些想法，這樣的觀點就會產生力量，更容易說服其他人，也比較有機會集結志同道合的人，一起來推動改變。

因此，不管綜合多方資料後你認同哪一種想法，都勇敢做出選擇和判斷吧！別因為顧慮「中立客觀」，就害怕產生自己的觀點，只要不是盲目跟從或是傷害他人，經過充分了解再做出的判斷，都是很棒的！

工具箱

七七流議題思考術！四步驟釐清自己的想法

當你已經找到很多不同觀點的資料，該怎麼從這麼多種資料中，釐清自己的觀點呢？一起來看看志祺七七頻道的企劃，如何用四步驟釐清自己的想法吧！

1 劃定戰場：釐清要討論的範圍、目標

首先，是釐清要討論的範圍和目標。舉例來說，如果目標是要釐清整件事的來龍去脈，那麼依照時間順序來理解事件就很重要。如果想討論長照政策對青壯年族群的影響，那在蒐集資料時，關於長照政策中「實際陪伴老人的方法」這類的資料，可能就不需要納入。釐清要討論的目標，可以讓我們區分出哪些資料是這次需要的，哪些是這次可以略過不用的。

2 直指核心：找出議題的核心爭點

接下來，從資料裡找出議題的「核心爭點」就是下一個步驟。釐清核心的爭議所在，可以讓討論更聚焦，不會因為討論時的小分歧而偏離討論主軸。舉例來說，要討論「有錢人應不應該多繳一點稅」的問題時，核心爭點可能是關於平等權的爭辯，到底「應不應該讓每個公民都繳一樣的稅」，還是「有錢人應該承擔比較多社會責任」，而不是討論「郭台銘或蔡依林需要繳多少錢」。

3 抽絲剝繭：分層討論

找出核心爭點後，我們就環繞這個核心，一層一層展開細部的討論。例如，我們可以從事件中不同參與者的觀點出發，歸納出每個人的動機、主張，和彼此互相衝突的地方；或是從核心的爭點開始，列出支持和反對方各自的看法。

像是關於繳稅這個問題，我們就可以看到，支持平等觀點的人會認為，即使繳比較多稅對有錢人來說可能不是太大的負擔，但是被迫要繳更多稅的人，也會強烈感受到制度對他們的不公平。然而，若是反對這個觀點的人，則會主張，有錢人在成為有錢人的過程中，也獲得了很多社會制度的優勢，成功之後回饋一下社會也不為過。

切出不同觀點互相比較之後，我們也能看出觀點間的關聯與差異，除了更了解自己比較接近哪一方的觀點，也有機會從細分出來的討論內容當中，看見可以延伸討論的地方，進一步拓展我們對議題的了解。

4 分享結果：試著把你的分析結果跟其他人分享吧！

在吸收新資訊的過程中，「輸入」跟「輸出」是緊緊相扣的，有意識的輸出自己消化整理後的結果，也可以更釐清想法！輸出想法的方式，可能是寫成一篇文章、製作成一張資訊圖、畫成一則漫畫，或是跟一個朋友分享等等。通常，在轉化知識的過程中，我們也會發現自己還沒有想通的地方，或是在分享之後，從別人的回饋裡獲得調整的方向，這時，就可以回到前面的步驟，讓自己的觀點更加完善。

集觀點之大成：釐清想法的四個步驟

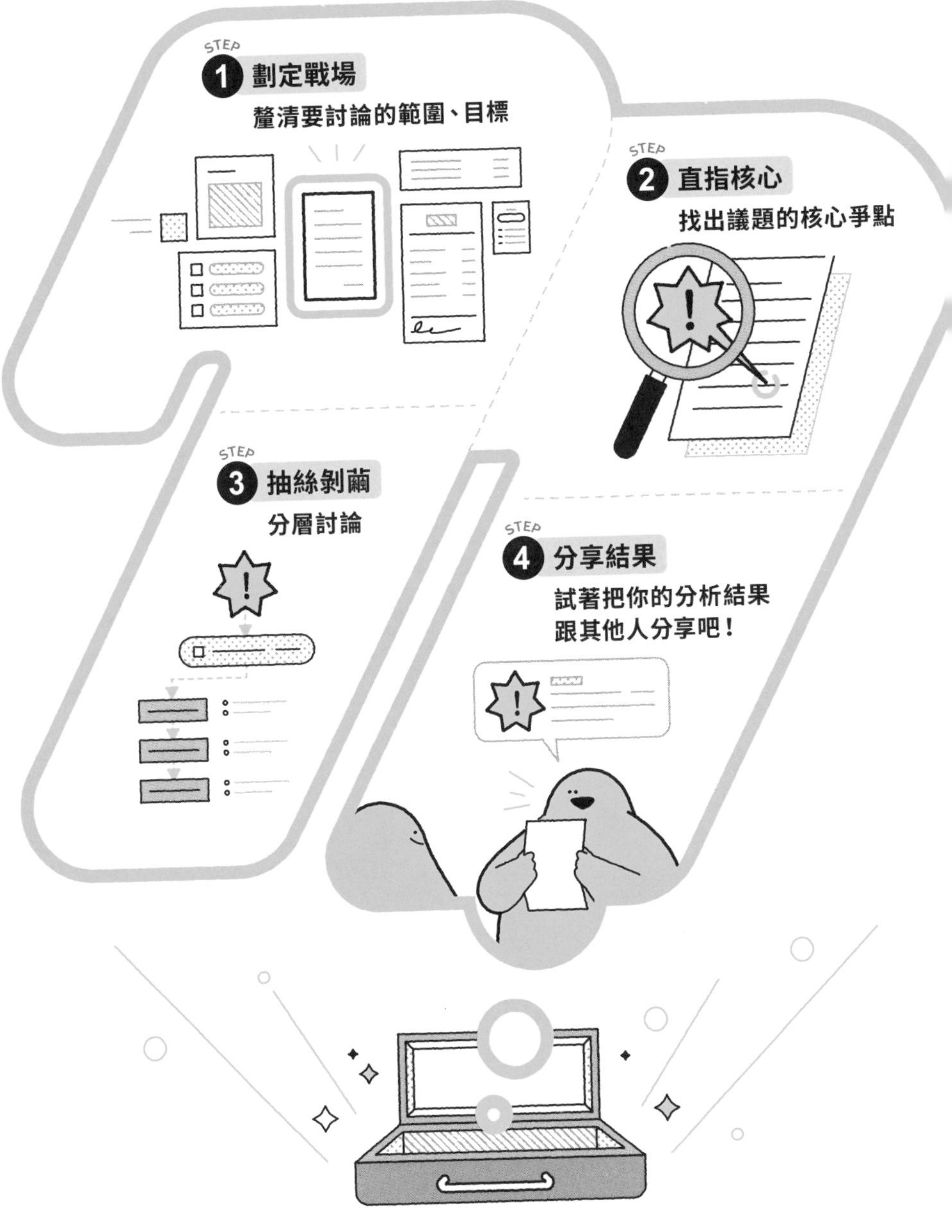
STEP 1 劃定戰場
釐清要討論的範圍、目標
STEP 2 直指核心
找出議題的核心爭點
STEP 3 抽絲剝繭
分層討論
STEP 4 分享結果
試著把你的分析結果
跟其他人分享吧！

問題 5

為什麼我努力說出自己的想法，卻沒人想聽？

在學校或其他單位聽演講的時候，你有沒有遇過台上的來賓，感覺做了很多準備，但你就是整場都無法專心聽，忍不住開始聊天、滑手機？或是你自己找了很多資料，有滿肚子的話想說，但才說了幾句話就發現其他人開始轉移話題？

為什麼準備了很多，卻沒辦法讓人聽進去呢？這一章我們就來聊聊，如何讓觀眾願意聽我們花很多時間準備的內容，讓自己的想法能被傳的更遠。

引起興趣，才有機會讓對方聽進你說的話

回想前面提到的校園演講，是什麼原因讓我們都聽不進台上人說的內容，反而去滑手機呢？「因為滑手機比較有趣啊！」這應該是大部分人的直覺反應。

沒錯，在手機上打遊戲、追劇、聊天，都是我們有興趣，而且願意花很多時間投入的活動。然而，台上的演講如果沒有一開始就吸引我們的注意，往往就很難專心聽下去了。

經濟學家戈德海伯（Michael H. Goldhaber）曾經提出「注意力經濟[1]」（Attention Economy）這個概念，他認為，我們每個人的注意力都是非常稀缺的資源，因為每個人一天都只有二十四小時，當一件事情吸引了我們的注意時，就會排擠到另一件事情被關注的時間。

換句話說，當我們跟別人溝通的時候，與我們一起競爭對方注意力的，並不是跟我們一樣要溝通這個議題的人，而是我們身邊隨處可見的社群媒體、電影、漫畫、遊戲等，這些一下子就能引人關注的內容。

因此「能不能引發興趣」就變得更加重要了。能提起興趣的內容，才會讓人願意花時間關注，爭取到我們寶貴的注意力。然而，要讓人願意關注我們想傳播的議題，就得先找到能引發對方興趣的切入點。

考慮對方所處的環境，以及在乎的事物

什麼事情能引發我們的興趣呢？包裝得很好笑的荒唐內容、一個剛好打中自己內心的問題、結尾留下懸念讓人迫不及待想知道解答的故事等等，都會讓我們忍不住停下腳步，想要一探究竟。

儘管方法不同，但他們的共通點，就是把原本想要傳播的內容，跟我們心裡在乎的東西連結起來，勾起了我們的好奇心。反過來說，如果能在表達想法的時候，講到對方心裡最在乎的事情，那麼對方願意聽下去的機會也會變大許多。

因此，在溝通之前先站在對方的立場，思考他所處的環境背景、對這個議題的了解程度、現在關心的問題、喜歡的內容，跟充分準備我們自己想說的內容，是一樣重要的。如果可以把我們想溝通的內容，跟對方在乎的東西結合，找出共同目標，就能提高對方聽我們表達的意願，也可以增加彼此交流想法的機會。

具體可以怎麼做呢？以我們頻道中選題的過程為例，每次除了提出想要聊的主題，我們也會先花一些時間釐清觀眾的想法。

首先，我們會設定影片的「主要客群」，先思考會對這個主題有興趣的人，想了解議題的動機，以及了解之後，他們會想跟別人分享這個主題的動力是什麼。

以「館長自爆被性騷擾」這個主題為例，會感興趣的客群，可能是從沒有想過「男生也會遇到性騷擾」的人。形象陽剛的館長竟然也會遇到性騷擾事件，超出他們原本對世界的認知，讓他們感覺很衝突。因此，他們可能會有「這不能只有我看到！」的心態，跟朋友分享這個資訊。

接下來，我們也會進一步了解這群觀眾對議題的了解程度，以及他們會想從這個議題裡獲得什麼，再結合想要帶給觀眾的議題思考，來決定影片主要的內容。

舉例來說，多數對這個主題感興趣的觀眾，原本對性騷擾的了解不多，因此我們必須要在影片中提到性騷擾可能發生的情況，讓大家比較能夠想像。另外，這群觀眾可能也會很好奇，為什麼像館長這麼強壯的人，在這種情況下也沒辦法反擊，甚至懷疑「是不是覺得被摸很爽啊」？因此，影片中，這些真實的疑惑也需要被討論和解答。

透過這個了解觀眾的過程，除了我們本來掌握的事件前因後果，和關於性騷擾的知識之外，我們也更知道在影片中，需要凸顯哪些內容才能讓觀眾願意繼續聽下去，也更容易了解。

不過，如果已經知道這次想溝通的對象，目前對事情的看法明顯跟我想說的方向相反，要怎麼讓對方願意停下來聽我說呢？

別急著反對，先找出彼此的共通點！

在討論社會議題時，每個人都可能因為自己所處的情境和經驗，對事情有不同的看法。在多元的社會裡，我們希望看到更多不同的觀點，因此，難免會遇到與我們立場不同的人，這時如果有機會互相了解彼此的看法，來一場深度討論，也非常有趣。

不過，有時候也會遇到不太想了解其他觀點，單純「為反對而反對」的人。在這種情況下，如果我們一開始就直接表明反對意見，反而容易造成反效果，讓他們更不想聽其他觀點。因此，面對跟我們意見不同的人，我們可以先確認對方的溝通意願，了解對方目前對溝通這個主題的態度。

接下來，不用急著說出我們的觀點，而是要表達自己願意傾聽、開放友善的溝通態度，先聽聽對方怎麼說。還可以像在聽故事那樣，適時的追問，讓對方願意跟我們說更多。

了解對方跟我們意見不同的原因後，也可以先肯定對方的思考脈絡，從我們彼此都同意的地方切入，之後才用分享的心態，說出自己看法中不一樣的地方，提供對方另一個角度的觀點，促成進一步的意見交流。

聽的一方怎麼想，才是關鍵

從前面討論可以發現，我們表達想法的時候，最關鍵的，其實不是我們自己有多特別的觀點，而是聽我們表達、接收訊息的那方，到底有沒有聽進去。

這其實就是一種「權力在對方[2]」的溝通情境，不管我們說的再精采，如果不能引起對方的興趣，或是對方沒有聽懂，都不算數。因此，在表達自己的想法前，先站在對方的立場，聽聽他們的想法，思考他們對議題的期待和目標，是成功交流想法的關鍵。

除了聊議題，在日常互動、職場談判等場合，也都可以用上這個概念喔！在碰面之前，先了解這次要對話的對象，可能對哪些地方感興趣、對事情的了解程度到哪裡、目前的想法是什麼等等，就有機會把我們想說的話，跟對方在乎的事情連結起來，找到對方聽得進去的說法，讓對話更加順利。

工具箱

七七流表達力：三步驟讓你說得有條有理又有趣

確定對方已經對議題有興趣，也有意願聽我們說，要怎麼在短時間內，把想說的話說得有條理，讓他比較好了解呢？我們歸納出常用的三個步驟，讓你在短時間內，就能說的有條有理又有趣，一起來看看吧！

1 考慮聽眾的環境和興趣

表達時，最重要的是聽眾的感受！如果能綜合考慮對方所處的情境，還有對事情的期待，就能降低對方吸收資訊的門檻。

舉例來說，說話的時候，一邊走在人來人往的百貨公司，跟好好坐在咖啡廳面對面聊天，對訊息的專注程度肯定不一樣，這時，我們就需要根據情境來調整要說的內容，還有時間長度等等。另外，如果能了解對方的偏好，從他感興趣的地方切入，也能幫助彼此更快進入狀況喔！

2 提煉內容精華，找出最核心的觀點

如果針對這個議題只能說一句話，你會挑哪一句來說？一個議題會牽涉到的細節很多，就算只說明事情的前因後果，也需要花上不少篇幅，考慮到可以表達的時間往往非常有限，還有，如果聽眾被太多細節困住，反而容易讓討論離題，因此，分出輕重緩急，找出最最最核心的內容，非常必要。

舉例來說，討論館長被性騷擾的事件，我們想要傳遞的重點是「男生其實也會被性騷擾」；討論要不要ＡＡ制時，想要帶給大家的觀點是，「思考自己想要的親密關係，再決定自己要不要跟伴侶ＡＡ制」；討論月經貧窮議題時，核心的理念則是「讓衛生棉也成為像衛生紙一樣平常的日用品」等等。

這個過程就像是在淘洗金沙，一遍一遍洗去雜質，露出最純粹的金子。當我們刪除多餘資訊，不只可以讓聽的人更快理解，也能幫助我們自己釐清對於整件事的看法，在表達時，不會偏離核心夾雜過多資訊，誤導了聽眾。

3 歸納重點，讓聽眾了解大概有哪些內容

面對未知的事情，大家往往會比較焦慮，因此在表達想法時，如果可以讓聽眾對接下來要發生的事有一定的預期，也可以大大增加安心感，不會因為不知道未來要發生的事情而煩躁和分心。

因此，如果能在表達時先簡單摘要接下來想要說的內容，例如「先講結論」、「這可以分成兩個層面來說」「我的意見可以分成三點」等等，讓聽的人有一定的預期，不只對方不容易感到不耐煩，也會讓人覺得你很有條理喔！

最後，反覆練習並且從聽眾的回饋中調整做法，讓自己一次比一次好，是變得愈來愈好的不二法門。如果你有興趣，也可以自己練習跟處在不同情境、不同了解程度的人，說說看你的想法，像是三十秒電梯對話、跟阿公阿嬤分享議題、講解給國小小朋友聽等等，都是可行的方向。

開口就是一齣好戲：如何說得有條理又有趣

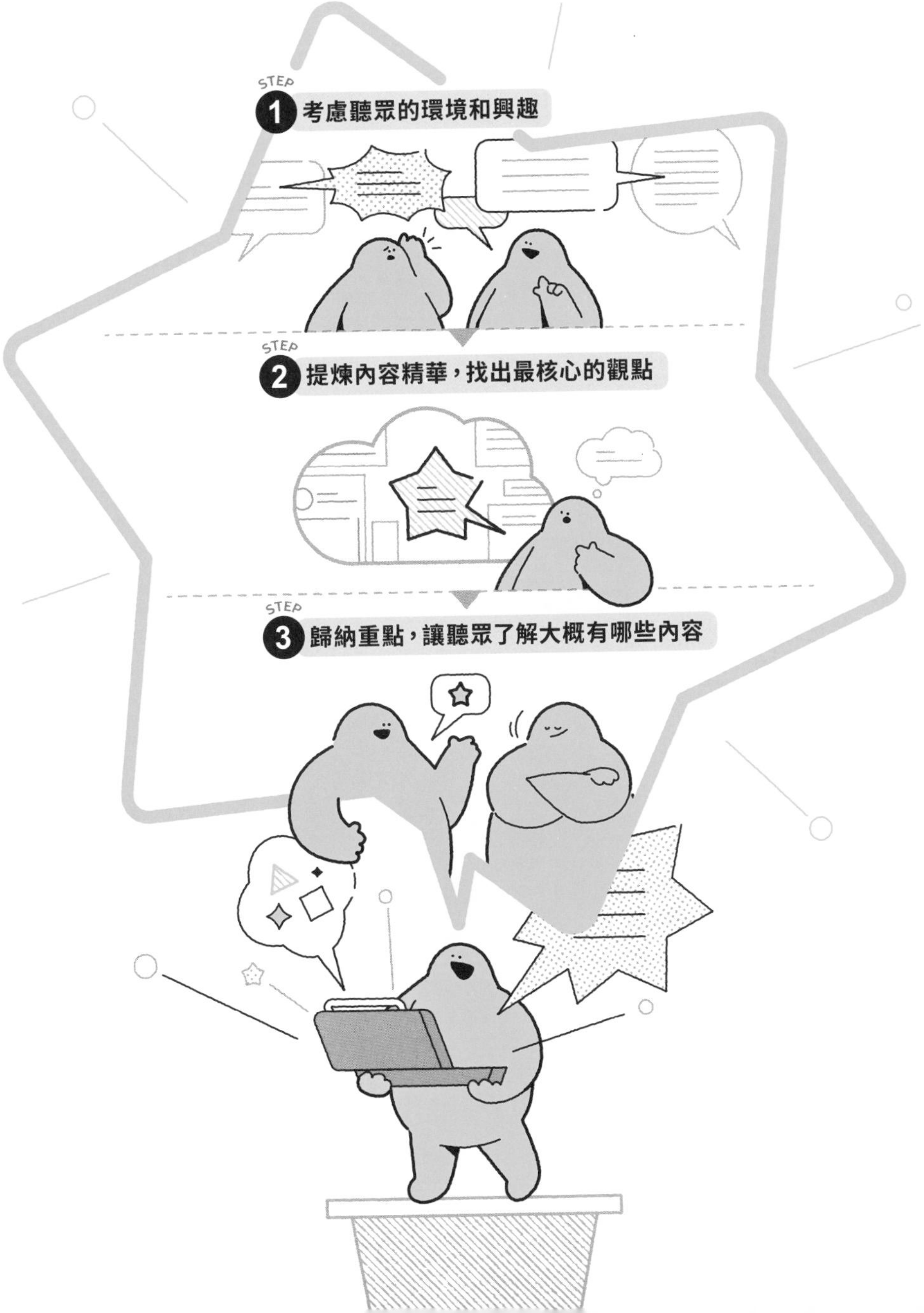

STEP 1 考慮聽眾的環境和興趣
STEP 2 提煉內容精華，找出最核心的觀點
STEP 3 歸納重點，讓聽眾了解大概有哪些內容

第二部

議題案例

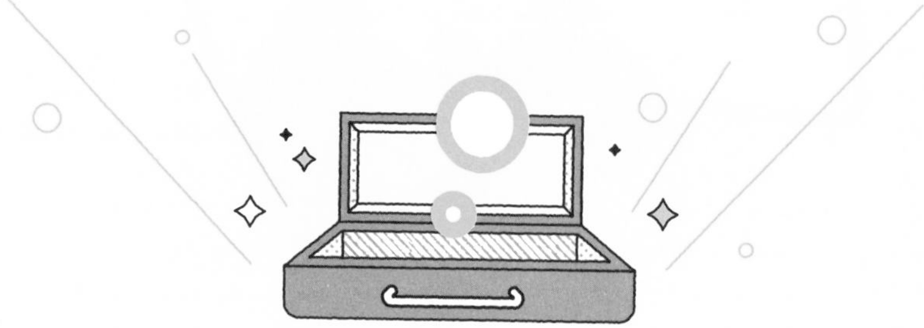

多了解一件事，就對這個世界多一分的理解，也會讓生活更加多采多姿！

在接下來的章節裡，我們將會針對以下三個層面：

1 個人——跟自己好好相處，做最好的朋友；

2 家庭與學校——破解那些成長過程中理所當然的事；

3 社會與世界——討論社會運作的方法，以及世界各地共同關注的話題；

精選志祺七七頻道累積的上千則影片中，我們認為值得與新世代公民一起了解的十六個主題，延續前一章的企劃心法，與你分享我們對這些社會議題的觀察和思考，也與你一起讀懂這些議題之中的不同觀點與權衡。

個人篇

你這輩子最了解的人，是你自己嗎？

從小到大，我們會面對各式各樣的人、事、物，學習照顧別人的感受，學會融入不同的團體中。然而，我們卻常常忘記，自己也需要被好好對待，了解自己怎麼想事情、學習照顧自己的情緒、幫助自己從困境中重新出發、練習與人建立親密關係，還有練習建立自己的界線等，都是人生中不可或缺的一部分。因此，在這個章節中，我們從自己出發，收錄六篇與「跟自己相處」有關的主題，希望你會喜歡！

01 館長自爆被性騷！為什麼陽剛猛男竟然會呆在原地被摸五分鐘？

YouTuber 館長在直播中爆料，自己有天半夜在自家經營的健身房中，被男性會員性騷擾，「給人家摸了整整五分鐘」。這究竟是發生了什麼事？為什麼這麼強壯的館長，也會被人性騷擾，還無法反擊？

包含我們自己在內，多數網友在聽到事件的當下都非常驚訝，然而，在這個驚訝背後，其實隱藏著非常多值得深深討論的議題。這次，我們就來聊聊「男性被性騷擾」吧！

進入討論之前，不免俗的先來看看，事情大致上的經過是什麼。

那個讓館長「感覺非常差」的瞬間

根據館長自己的說法，某天半夜他在健身房，被一個陌生會員突然拉住手臂擋了下來，雖然當下他「感覺非常差」，但還是禮貌性詢問對方有什麼事。

然而，這個陌生會員卻只回覆：「沒有啊，你很壯欸，給我摸一下！」之後一直把手放到他身上。即使館長耐著性子，反覆詢問三、四次，對方也只是一直跳針，重複說「你好壯喔」、「要怎麼樣才能練到像你這樣」、「我是特別來看你的欸」、「給我摸一下嘛」，同時一直觸碰館長的身體，「手都沒有停過」，就這樣摸了五分鐘。

過了幾天，這個人又把館長拉住，說要退費，雖然館長當下就請他到服務台去辦理，但這個人卻開始生氣，說他入會很久，都沒有人來服務他，也沒有教練教他，他是特別為了館長來的，館長應該要教他等等。

館長覺得莫名其妙，雙方也愈談愈大聲，館內工作人員甚至差點和這個會員打起來，雙方僵持不下，一直到館長說要叫警察來之後，這名會員才一邊說要告他們，一邊匆忙跑走。

事情發生後，館長在直播上跟網友分享這件事，說他嚇到了，所以以後出門都會帶人，請大家不要貿然靠近。也強調非常多次，以後為了保護自己，只要誰沒有打聲招呼，就一直靠近或者感覺想要碰他，他一定立刻先反擊再說。

直播的結尾，他也很認真的呼籲大家：「不管你有多喜歡我，人跟人之間要互相尊重！」「不是因為我有名，就可以被隨便摸；我也不會因為有名，就隨便搭訕別人。」「不論男女，還是男男、女女，人的身體都要尊重。」

館長的分享很快就引起高度關注，因為大家第一時間都在想：「竟然連他都會被性騷擾？」這實在是太反直覺了！

為什麼大家都覺得「男生不會被性騷擾」？

「連館長都會被性騷擾，還無法反擊？」這個直覺想法背後，其實也隱含了我們生活中對於性騷擾的設定。我們通常都不覺得「男生」，特別是「練很壯的男生」，會遇到性騷擾，而且竟然還「無法反擊」！

為什麼大家都不覺得男生會被性騷擾呢？我們認為這可能跟三個「性別刻板印象」有關。

首先，第一個刻板印象是：男生沒什麼好吃虧的，甚至應該都要享受接觸的感覺。舉例來說，如果一個男生被人摸了一下，那可能是代表他很有魅力，尤其是，如果被女生摸的話，那基本上就是「賺到了」！然而，要是他被女生摸了但覺得不開心，大家反而比較容易覺得，要不是這個人哪裡有問題，就是那個女生長得太抱歉。

換句話說，很多人認為，男生被女生摸一下，應該不至於會感覺困擾；如果場景是男生摸男生，那通常也是對方在跟你示好，就像青少年總是會用一些肢體接觸，來展現他們的交情，這種身體的接觸，對男生來說沒什麼大不了。

第二個刻板印象則是：認為男生應該很強壯。也就是預先假設，男生在遇到性騷擾的時候，一定有能力可以反擊。因此，如果男生遇到性騷擾卻不反擊，只有兩種可能，要不就是因為他很享受，要不就是因為他不夠強壯、不夠勇敢，或不像個男人，才沒能力反擊。

在這個說法中，原本社會上對於男生應該要強壯、要勇敢的期待就更深了，也先入為主認為，男生應該會「享受」這樣的身體接觸。

第三個刻板印象，跟做出性騷擾的一方有關，就是認為：「會性騷擾男生的男生，應該都是Gay吧！」因此，如果今天被一個不是Gay的男生摸了，根本就不需要想太多，因為只是很單純好朋友之間的正常交流而已，沒有惡意。而對方是Gay，就更沒有問題了，因為他們本來就比較陰柔、比較像女生，不用跟他們計較那麼多。甚至，還有些人會覺得：「嗯，連Gay都喜歡我，那我應該是真的很Man、很有魅力！」

你發現了嗎？恐怕大部分的人都覺得，「男生被摸一下」這件事，真的沒什麼大不了。

於是，就有了各種說法，抹去原本不舒服的感受，否定自己被騷擾的事實。或是，強迫自己認為，即使被性騷擾了，也很「正常」，沒什麼好大驚小怪的。在這樣的情況下，對於怎樣才算是被侵犯的界線也很少被重視，導致很多男生在真的遇到性騷擾的時候，一時間反應不過來，只能站在那邊吃悶虧。

除了被騷擾的事實可能被否定之外，許多沒有遇過性騷擾的人更真實的疑惑還有：「館長為什麼不反擊？」「他平常不是有在練嗎？怎麼還會被摸五分鐘？」

大眾的質疑：遇到為什麼不反擊？

其實，類似的質疑不只發生在館長身上，我們曾在網路論壇上看到一篇求助文，是一個男生說他在上廁所的時候，被隔壁的人摸屁股，當下完全無法防備，想問該怎麼辦。

大多數網友的回覆都是：「你當下就應該要打爆他啊！」「你不是有嘴巴嗎？不會罵回去喔？」或是調侃：「遇到事情不反擊只會上來發文，一看就知道沒用啦！」換句話說，多數人都認為，自己如果不幸遇到這種事，一定都會有應對的方法和行動，不會坐以待斃。

但事實或許沒有大家想得這麼簡單，因為遇到從來沒遇過的事時，我們連要搞懂「現在是什麼情況」都很困難，完全處於不知道的狀態。

有人會把這樣的「不知道」，叫做「經驗空白」。舉例來說，第一次被人家摸手、摸胸部，因為沒遇過這種事，所以這時候心裡可能會想：「奇怪這到底是在幹嘛？先觀察一下好了。」「不要大驚小怪，應該還是先維持禮貌比較好吧？」

在觀察對方行動的時候，我們可能也會想：「他應該不會真的對我怎樣吧？」「就算他怎樣了，我應該也有辦法可以處理吧！」在思考解決方案時，又覺得：「他這樣做真的有很不好嗎？」「我要拿什麼理由阻止他？」想到最後，卻發現自己什麼都還沒做，性騷擾就結束了。

而且，即使有事先預備，知道一些可能的情境，在不幸遇到性騷擾時，還是可能會有跟預期不一樣的反應。

例如，我們第一個直覺可能是想確認：「等等，這就是性騷擾嗎？」或是，即使預備了一些拒絕的說詞，或者是反擊的動作，但當對方是認識的朋友、公司同事或家中長輩的時候，誰也不能保證自己可以照著預設的做法行動。

這個感覺就像搶劫，大家可能都設想過，萬一自己被搶的時候要怎麼做，但事情總是來得又快又突然，而且情境各式各樣，常常還來不及反應就結束了。

尷尬的是，性騷擾這件事情並不能事先「演練」，因為我們很難「假裝被性騷擾」或「假裝性騷擾別人」，所以在沒有遇過之前，我們都很難得知，什麼樣的接觸是我可以接受的範圍？怎樣已經超過底線？針對不同程度的不舒服，我要做出什麼不同的反應？甚至是，面對不同對象，我要設下什麼不同標準？這也是大家很難每一次都明確反擊的原因。

志祺七七觀點：劃出自己可以接受的身體界線

「性騷擾」的認定其實是很主觀的，只要別人的言行舉止關係到「性」或者「性別」，而且讓自己覺得不舒服、有威脅感，就可以算是一種性騷擾，也就是說，我們每個人都可以依照自己的接受程度，為身體劃出一道界線，別人也應該要尊重這道界線。

但是，界線到底是什麼呢？

老實說，界線對於沒有經驗的人來說，真的滿難拿捏的。像我們團隊在討論這個主題時，大家回想自己過去的經歷才發現，原來，我們每個人好像都曾經歷過一些「介於有跟沒有之間」的性騷擾，尤其是在男生和男生、女生和女生之間比較模糊的地帶。

我們認為，遇到這種模糊地帶時，其實還需要靠「事後回想」，在事情發生之後重新思考，想清楚自己能接受和不能接受的範圍，下一次遇到時才會更知道怎麼應對。

像館長就提到，他現在很確定「被人這樣摸是一種騷擾」，也知道自己「感覺很差」，所以他決定下次再發生類似的狀況，他要直接「一拳灌下去」。這就是一個典型的從「經驗空白」到「形成經驗」的完整過程，這樣下次如果再遇到，就更有機會能保護自己。

館長的分享非常有價值，因為他的事後回想引起很多人的討論。例如，有人會說「沒有摸到下面不算性騷擾」，也有人認為「不是只有摸到下體才算」。我們看到這些留言的時候，也不自覺會開始想，如果是我自己遇到同樣的情況，感受是怎樣？透過借鏡別人經驗，回想自己的經驗，我們就能開始建立自己對性騷擾的意識，並且更認真的看待這個議題。

館長的故事也讓我們了解到，性騷擾可能會發生在任何人身上，就算是強壯的男生也會遇到，而且不是所有男生都覺得「被摸沒什麼大不了」，也不是每個人都覺得「被摸很開心」。

社會上各式各樣的性別刻板印象，不僅可能讓我們沒有意識到性騷擾的存在，也可能會讓很多被性騷擾的人，無法說出自己的經驗與感受，甚至，當他們終於鼓起勇氣跟親友訴苦的時候，因為被消遣而造成二次傷害。

所以，我們也很樂見在愈來愈多類似的經驗分享與討論之後，可以有更多人理解到，性騷擾是不分性別、不分外貌、不分交情好壞的，當我們身為旁觀者時，更能將心比心，也開始釐清自己與別人相處時的身體界線，反思自己對別人的肢體接觸，是不是偶爾會不小心越界。這樣，或許像性騷擾這樣的事情，就會愈來愈少吧？

在你的生活之中，有遇過那種好像「介於有跟沒有之間」的不舒服經驗嗎？當時的你是怎麼應對的呢？歡迎到原影片下方，留言跟我們分享你的經驗。

影片連結

萬一遇到性騷擾事件，我可以怎麼做？

不論如何，至少找些信任的傾訴對象，找幾個值得信賴的家人朋友，認真談談這件事，約定以後自己如果遇到性騷擾或性侵害，這些人是你可以傾訴、會願意相信你遭遇的對象。被性騷擾、甚至被性侵，是一件很難說出口的事，尤其對男生來說更不容易，找一些值得信賴的對象，至少讓自己在真的遇到什麼事的時候，有個出口能夠求助。

如果可以的話，我們也能去成為相信並傾聽他人經驗的那個人。有愈來愈多人認真看待性騷擾、愈來愈多人理解不論是誰都可能被性騷擾，甚至愈來愈多人願意反思自己的行為是否對別人構成性騷擾，那麼在無形之中，也許我們都能慢慢遠離性騷擾這個潛藏的危機。

02
每次 social 都又尬又怕，社交恐懼到底是怎麼產生的？

《芬蘭人的惡夢》是一本介紹芬蘭人性格的漫畫，漫畫中的主角馬蒂（Matti），在路上碰到認識的人，常常會為了要不要打招呼而猶豫不決，最後就繞路走了；甚至會因為不好意思請擋路的乘客讓位，結果導致公車坐過站。總之，只要有跟人社交的機會，對馬蒂來說幾乎就是一場惡夢[1]。

馬蒂的這種狀態，其實就是「社交恐懼」。這種極力避免與人社交、互動的心態，不只出現在故事中，根據一些報導指出，目前全世界大約有七億五千萬人有這個困擾！

社交恐懼是怎麼產生的？

社交恐懼的正式名稱是「社交焦慮症」，顧名思義就是焦慮症的一種，美國精神醫學會（APA）所出版的《精神疾病診斷與統計手冊》，把社交恐懼定義為：於不同情境中，明顯、持續的害怕自己會招致他人羞辱與陷入窘境，並知道自己的害怕是過度、不合理、會對生活造成影響的精神狀態。

關於社交恐懼的症狀，有些是很容易辨識的。例如：在需要與人互動的場合特別會感到不安。像是同學會、下班跟同事聚餐，只要是跟人互動的場合，可能都會因為不知道該怎麼面對其他人的問話，在心裡產生一陣焦慮恐懼。甚至有些人光是聽到辦公室電話鈴響，就會一陣焦慮，不曉得要不要接。畢竟接了就代表必須要跟對方開始講話，等於是自己親手啟動了社交惡夢。

另一種，則是極度害怕變成大家注意的焦點。這類人會想盡辦法，避免自己被大家注意到，盡可能的隱形。這樣就能減少要跟人講話的機會，確保自己可以不受打擾的待在自己的個人空間。

還有一種常見的症狀，就是非常擔心自己在社交場合中，會做出尷尬丟臉的行為。這類人只要到社交場合中，可能就會焦慮的在腦中反覆思考，待會碰到誰的時候該講什麼話。或是群聚閒聊時，在講完話之後不斷懊惱：「我怎麼又講出這麼沒哏的回答R！」或是：「我怎麼又把場子搞冷惹？」

於是，當他們下次再參加聚會時，想到上一次的經驗，就會更加焦慮不安，深怕自己再度出醜，變成一而再、再而三的社交恐懼循環。

此外，部分患有社交恐懼的人，在社交場合甚至會出現胸悶、頭暈、出汗的情形，甚至無法控制大小便等生理性的症狀，對生活造成一定程度的困擾。

那麼，為什麼會出現社交恐懼呢？

不良的生理機制和生活經驗，都可能導致社交恐懼

生理上的機制，以及過去的生活經驗，都是社交恐懼可能發生的關鍵因素。

首先，神經傳導物質不平衡，與社交恐懼有密切關聯。研究顯示，有些社交恐懼的患者，他們腦中的多巴胺或血清素，多半有調節不平衡，或是功能不足的現象。多巴胺和血清素對於克服壓力、產生正向情緒，其實有關鍵的作用，一旦這兩個神經傳導物質沒有順利發揮作用，就可能會讓人在壓力情境下，容易有焦慮恐懼

的情緒反應。

過去的負面經歷，也會影響社交時的狀態。比如說，過去曾經因為上台報告的時候太過緊張，結果在台上一句話都說不出來，下台後被同學取笑。這種不是很愉快的經歷，可能就會讓人在下次面對類似場合時，產生恐懼焦慮。

除此之外，如果小時候曾經遭受爸媽的暴力對待，或是爸媽對於小孩的表現吝於鼓勵，而且常常給負面評價，也會造成小孩長大後，對人際互動產生畏懼。

那麼，如果想緩解社交恐懼，我們可以採取哪些行動呢？

緩解社交恐懼：尋求專業協助，直面內心恐懼

社交恐懼被認定是精神疾患的一種，因此，有出現任何疑似的現象，還是到專業的診所或醫院諮詢，由醫師專業判斷比較好喔！如果真的有社交恐懼的情況，通常，比較常見的緩解做法有以下幾種：

首先，是透過藥物調節神經傳導物質。比如說透過血清素調節劑來舒緩焦慮症狀，或是透過抗憂鬱藥劑來調整多巴胺的平衡，這些方式都能對情緒產生一定程度

的穩定作用。

另一種則是「認知行為治療」。像「暴露療法」是滿常見的方式，這種療法很像是讓患者用直球跟心中的恐懼對決。通常，治療師會先從程度比較輕微的，例如「客戶打電話來」這個情境，先讓患者試著去感受自己當下的焦慮，一步步引導患者熟悉這類情境，再慢慢練習控制自己的焦慮。

不過，一件事總是會有一體兩面，雖然社交恐懼者在面對人與人互動的時候會比較辛苦，但換個角度來看，還是有一些正向的影響。

發揮社交恐懼者的細膩特點

社交恐懼者普遍具有「察言觀色」及「習慣做萬全準備」這兩種特點。

二〇一一年，以色列海法大學曾經做過的一份研究就指出，社交恐懼症患者因為天生比較敏感，會更快感受到當下環境的氛圍，因此會比一般人更善於察言觀色，也比較能準確判讀其他人的情緒，具備更多同理心。

比如說，有些患者在社交場合中，很快能察覺到有人特別開心或情緒低落，這時候就可以試著和這些人聊聊，或是問些問題，把注意力放到別人身上。

透過轉移注意力的方式，患者就有機會避免過度關注自己的情緒狀態，一來有助於減緩自己的焦慮，二來說不定也能透過善意的關心舉動，在現場結交到新朋友，增加自己在社交場合的自信心。

此外，也因為社交焦慮症患者在社交場合很怕會出糗，容易感到焦慮，為了減緩這種感覺，有些人就會盡可能把要說的話，事先在大腦巨細靡遺的演練多次後，才表達出來。這種講話前做萬全準備的習慣，也有助於讓他們在表達想法時能更完整的闡述，避免有任何遺漏或是語意表達不清的情況。

志祺七七觀點：化恐懼為優勢

其實，每個人或多或少都有害怕社交的時候，可能是不得已才硬著頭皮參與社交互動，也可能是習慣保有隱私，不喜歡自己的空間界線被侵犯等等，但這些未必是不好的。

我們認為這類焦慮恐懼，有可能會讓人更敏銳的去注意到周遭旁人的舉止，更謹慎選擇自己該說什麼話、做什麼動作，避免讓其他人感覺到不舒服，說不定會更容易能融入群體之中。

因此，發現自己有類似社交恐懼的徵兆出現時，在求助專業協助之餘，其實也不用太負面的去看待，搞不好這可以轉變成人際相處上的優勢呢！

你也有害怕參與某些社交場合的經驗嗎？當時的你是怎麼克服這個情緒的呢？歡迎你到原影片下方參與討論，跟我們分享你的想法喔！

影片連結

03

約會時誰該付錢？男生想ＡＡ制是小氣，女生想ＡＡ制是大氣？

你有聽過「ＡＡ制」嗎？你和異性約會的時候，通常是誰付錢呢？有人提倡應該要各自付帳，但也有人認為，男生請客是理所當然的。你是屬於哪一派的呢？

網路論壇ＰＴＴ上每隔一段時間，就會有不少人熱烈討論到ＡＡ制，也就是約會時應該由誰來付錢的話題。有一次，有男網友想實際測試看看，女生第一次約會吃飯，會不會願意主動幫忙付錢。他透過交友軟體，約了十九個女生出去，並觀察她們對於付錢的態度。

根據他的實測結果，有一半的女生會主動付掉自己的部分。另一半的女生，有些發現男方不打算請客的時候，就會自己付錢；但有些則是態度堅決，或直接走出餐廳，或假借要上廁所、錢帶不夠之類的理由，請男方先付。

文章發出後，女生的表現成為ＰＴＴ鄉民討論的焦點。有人注意到，居然將近一半的女生是等著被請客，證實了「台女果然不意外」。有些網友認為，實際上有付錢的女生也很多，對所有台女開「地圖炮」的人，只是在借題發揮。當然，也有些人認為，男生本來就該照顧女生，只有悲憤又沒競爭力的魯蛇，才會一天到晚吵著要ＡＡ制。

這個話題似乎每隔一陣子就會掀起激烈討論，有時候男女會藉此互相指責，但有的時候，即便是同樣性別的人，想法也非常不一樣。這個議題的癥結點到底在哪裡？支持或反對ＡＡ制的人，他們真正在意的是什麼？大家真的完全都沒有交集嗎？接下來，就讓我們一起來聊聊讓眾多世間男女苦惱的「ＡＡ制」吧！

追求公平的ＡＡ制：一起承擔消費

在正式開始討論之前，我們先來簡單介紹，什麼是ＡＡ制。通常ＡＡ制可能有兩種意思，第一種是平均分攤（All Average）的概念，也就是兩個人的消費，你出一半我出一半；第二種意思，則是各自付帳（All Apart），是自己吃多少就付多少。

不管是哪一種定義，大家在討論 AA 制的時候，主要都是希望，約會時的消費，不要完全都由一個人來買單。

這樣聽起來，AA 制應該算是一個追求公平的相處模式，但網友的正反意見卻還是非常分歧，而且大家討論 AA 制的相關話題也千奇百怪。比如有人會延伸到其他種消費，像是：「去月子中心應該 AA 嗎？」或是討論到不同性別的感受：「男生要求 AA 很小氣嗎？」「想要 AA 但男友覺得很丟臉怎麼辦？」

我們發現，大家討論的層面非常廣泛，而且有時候就算是同一個人，可能也會因為處在不同的交往程度，對要不要 AA 有不同的看法。比如說，初次約會、曖昧期間、交往當中，或是結婚之後的各種花費，就有不一樣的標準。為了方便聚焦討論，我們這次會把情境設定在婚前約會或交往階段。接下來我們就一起來討論，約會吃飯或看電影之類的費用，到底應該怎麼付錢？

反對 AA 制：

第一次約會，當然是讓男生請客

有些人認為，第一次約會應該要由男生請客。我們觀察網友的留言，大致有兩種理由。

第一種想法，是從社會結構的角度來看。他們認為，這個社會對男生本來就比較有利，平均收入比較高，就算他錢沒賺比較多，走在路上至少也比較安全。這樣子的狀況下，男生多多照顧女生，也很正常嘛！

第二種想法，則是從交友市場的供需來看。有些人認為，在年輕男女的交友市場上，男性往往會是「被選擇」的一方，如果男生不積極主動一點，展現你的資本能力或友善的誠意，或許就比較難在人群中脫穎而出。畢竟，你不想請客，還有好多人搶著要請呢！

不管是哪一種理由，通常都是把「請客」視為是一種大方、照顧、關心，或重視對方的態度。支持這個立場的人通常也會認為，如果一個男生在約會交往的階段，就不願意為女生花錢，那他將來應該也不會成為一個疼老婆的好丈夫吧？

如果我們進一步剖析這套「男生本來就應該多主動照顧女生」的觀點，多半還是跟傳統社會期待有關。但是隨著社會風氣的變化，愈來愈多人開始提倡性別平等，這套價值觀也受到愈來愈多的挑戰，呼籲大家應該要ＡＡ制的聲音，也就愈來愈大。

支持ＡＡ制：表達心意不必靠請客，關係對等更重要

支持ＡＡ制的論點，也可以分成兩種方向。第一個是對於傳統社會的反思，另一個則是著重在ＡＡ制所能帶來的好處。

首先，針對剛剛偏向傳統觀念的論點，有些人就質疑，如果「會主動請客」等於「將來會疼老婆」，那照理來說，會願意自己付錢的女生，之後也應該會是比較體貼老公的好老婆啊！為什麼這套衡量標準，只被拿來要求男生呢？

而且，用「會不會主動請客」來衡量一個人的誠意，真的太沉重、也太現實了。在感情中是否重視對方，可能有很多判斷的標準，沒有主動請客的男生，他不一定是不願意，可能是剛好沒能力，或是覺得自己的價值，不應該建立在口袋深度，更不想被當成工具人。

換個角度來說，如果必須用錢來獲得女生的心，那麼她最後愛上的，會不會只是男生的鈔票，而不是男生本人呢？更不用說，請客也不一定就能受到女生的喜愛啊！所以，從某些男生的觀點來看，那些等著被請客的女性，可能其實只是想要占人便宜而已。

另一種思考方向，則是從ＡＡ制的好處來看，認為這樣有助於性別平等，或是減輕雙方交往的各種壓力。比如說，雖然這個社會的平均狀況，男生的確賺得比較多，但這並不代表每一對情侶，都一定是男生比較有錢。為了不要總是把經濟重擔壓在男生身上，採取ＡＡ制會是比較公平的做法。也有女生認為，如果常常被男生請客，會有欠人情的壓力，感覺好像自己要回請才可以；或是會擔心，自己如果總是依賴男生，以後結婚是不是就都要看人臉色？

說到這裡，我們可以看到，想要追求ＡＡ制的人，其實並沒有否認「請客」是一種表達心意的方式，他們多少認同，主動付錢是一種對於經營關係的投資。但說到投資，大家最忌諱的，絕對都是花了錢卻沒有得到相應的回饋，這樣長期下來，對兩人關係恐怕會造成一些傷害。

另一方面，在一段關係中，誰願意出錢、誰出比較多錢，其實也隱隱呈現出兩人之間的權力關係。所以支持這個立場的人認為，不管是為了減緩人情壓力也好，或是平衡權力關係也好，ＡＡ制對雙方來說無疑是一個最好的選擇。

新舊觀念衝突：
齊頭式平等 vs 立足點平等

看了許多網友的討論，我們覺得大家都是想要達成某種程度上的「平等」，只是雙方追求的平等不一樣，才會造成這種各說各話、互相攻擊的狀況。那麼，雙方的差別究竟是在哪裡呢？

不支持AA制的這一派認為，這個社會架構多半還是向男性傾斜，所以男性在金錢上多付出一些，其實很公平。對他們而言，AA制只是一種齊頭式的平等，如果雙方的經濟能力差距很大，結果兩人卻要出一樣多錢，那其實滿不公平的。另一方即使沒出錢，也可以用其他方式來支持、照顧對方。而且請客只是想表達心意，不見得要想成是一種欠債，兩人交往還算這麼細，太累了。

對於支持AA制的人來說，這個社會已經不再完全傾向男性，有經濟能力的女生愈來愈多，不管是性別或家庭的分工，也比過去還要多元、平等，所以對於經濟付出的形式，也會想要追求更多的平等。這樣做不只可以更加貫徹性別平等的意涵，也能讓雙方在情感關係中更加平等，不會因為需要倚靠對方的財力，就成為總是屈就的一方。

志祺七七觀點：

了解自己想要的親密關係和相處方式

除了大家對於ＡＡ制的正反觀點之外，在蒐集資料的過程當中，我們也看到一篇關於大學生親密關係的研究，覺得非常有趣。這份研究提到，選擇交往對象時，雖然大家還是會期待男生要剛強、女生要溫柔，但是在金錢觀念上，大學生比較傾向各付各的，而且很在意「彼此在關係中的付出公不公平」。這也代表，目前的大學生，可能處在一個新舊觀念的交接處，某一方面已經接受了新觀念，但某一方面，卻還是有比較傳統的期待。

這些矛盾的狀態，除了造成網路鄉民瘋狂筆戰，我們自己心裡可能也常常為此暗自打架。例如，有些男生開始意識到，自己不一定總是要請客，但是又擔心這樣會吸引不到女生；或是他有錢想請客，卻又怕被扣上大男人的帽子。

相對的，有些女生覺得，自己其實是有經濟能力的，但會擔心如果自己搶著付錢，男友覺得沒面子怎麼辦？也有些女生未必想要占別人便宜，但她的生活經驗就是感覺自己比較弱勢、比較沒安全感，這時候如果男友願意出錢照顧，那為什麼要拒絕呢？

我們覺得，這些心理矛盾其實都證明了，雖然「性別刻板印象」的討論好像已經講到爛了，但實際上還是深植在我們的心中，持續刻畫著這個社會的樣貌，也影響我們的決定。

情侶之間究竟要不要ＡＡ制？這題沒有標準答案。ＡＡ制不是絕對正確的天條，也不該被任何一方當成扣人帽子的武器。畢竟每個人的狀況都不一樣，而且人與人之間的相處，與其說對錯，其實更應該在意的是適不適合的問題。

如果你真的很在意誰該買單，我們建議大家平常就可以先問問自己，你想要追求的平等是屬於哪一種？你想在關係當中獲得什麼？如果你想要的是安全感、被照顧的感覺，那ＡＡ制可能未必適合你；反過來說，如果你希望兩人互不相欠比較沒有負擔，ＡＡ制或許就是個不錯的選擇。

看完關於ＡＡ制的討論，下次約會時，你希望能跟伴侶ＡＡ制，還是選擇由其中一人負擔費用呢？歡迎到原影片下方參與討論，與我們分享你的選擇，還有你這麼做的原因喔！

影片連結

04

你也害怕掉進負面情緒的漩渦嗎？三個看待情緒的新方法！

你有沒有經歷過那種情緒非常負面的時刻呢？從小陪你長大的狗狗，年紀大生病去世了；因為上學或工作的關係，只好跟親近的人分開；大考前不管再怎麼努力，好像都不會進步；和情人分手，覺得人生失去意義……

這次，就來聊聊這些你我都曾有過的負面時刻，一起用新的角度，看看情緒這個東西吧！

也許，我們並不需要拒絕負面情緒？

關於負面情緒，心理學家蘇珊・大衛（Susan David）用了一個讓人會心一笑的比喻。她說，強迫自己不去感受這些負面情緒，就像是硬生生的把一塊超好吃的巧克力蛋糕放進冰箱，雖然想要眼不見為淨，但你明明知道就在那裡。而且，還因為看不到所以愈來愈在意，三不五時就產生想去開冰箱的衝動。糟糕的是，我們還會批判自己忍不住去偷吃蛋糕的行為，對自己感到生氣或失望。

但是，你有沒有想過，也許我們根本就不需要拒絕負面情緒啊！

大家都擔心，如果把情緒釋放出來，就會陷入無止境的情緒漩渦裡。但是，心理學家也證實，情緒並不持久，「來得快去得也快」才是情緒的本質。舉例來說，就算看 YouTuber 那那大師的影片笑到崩潰，也總有笑完的時候；就算因為被劈腿分手而爆哭停不下來，也還是有哭完的時候。

所以如果我們逃避情緒，是因為擔心自己會一發不可收拾，其實是多慮的。

不過，還有一些人覺得，負面情緒會帶來不好的影響，會對自己和他人造成困擾。用一個校園情境來舉例，想像一下，如果有天有同學惡作劇，把你的課本藏起來，讓你怎樣都找不到，眼看上課鐘響，老師就要踏進教室了，你心裡開始慌張起來。就在最後一刻，那個同學才笑嘻嘻的把課本還你，你的慌張馬上變成生氣，立刻站起來當著全班跟老師的面甩他一巴掌。

在這個情境中，「慌張」跟「生氣」的情緒確實帶來了不好的結果，但是在那樣的情境下，我們也同意，不管是誰，發現課本不見都會緊張，發現被同學惡作劇生氣也很正常。如果有人跟故事裡的主角說：「欸不要生氣啦！」「他有還你啊！你氣屁喔？」反而會覺得這個人非常白目，很不會看臉色。

這麼說來，壞的真的是情緒嗎？

仔細區分，通常我們認為的「壞」，其實是「因為情緒產生的行為」。也就是前面故事中，因為慌張又生氣而「甩人巴掌」這件事。我們常以為，要避免做出這些不恰當的行為，就連帶必須得直接避免不好的情緒。

但是，情緒和行為應該是兩個層次的問題。首先，情緒屬於每個人的主觀感受，並沒有絕對的對錯或好壞。就像同一部電影，有人看完感動得痛哭流涕，也有人覺得還好而已，但我們不會也不必去區分，誰的心得才是對的。至於行為，則是可以被獨立控制的，因此，這些討論的重點其實在於，當我們出現負面情緒的時候，需要練習採取比較恰當的行動，而不是任由情緒讓行為失控，再把一切的錯誤怪在「壞」情緒上。

如果我們總是誤以為「負面情緒很壞」、「不應該有負面情緒」，而壓抑自己不要表現出來，或者想辦法說服自己避不處理，才更可能因為沒有機會好好練習適當的行動，在累積之後帶來嚴重的後果。

舉例來說，總是認為自己應該要很堅強，不應該感到害怕的人，可能會在遇到危急狀況，比如有壞人要搶劫或是行使暴力時，告訴自己要硬起來對付他們，而不是逃跑求救。但是冷靜想一想，覺得害怕，然後逃跑，絕對才是比較安全有保障的選擇。

壓抑情緒，也可能會導致情緒爆發更加猛烈。比如說，你的朋友老是喜歡開你玩笑，沒事就對你惡作劇，但你卻因為覺得生氣不好、不應該生氣，一直忍受他們的越界行為，讓對方得寸進尺。最開始也許還能用輕鬆帶過的方式來溝通，卻因為你選擇忍耐，所以在到了臨界點的時候，只能突然大爆氣，這麼做不只讓場面一發不可收拾，長久的友誼也可能就難以復原了。

一起練習跟情緒做朋友吧！

嚴格控制自己只表現出「正面」的情緒，是現代社會，尤其是已開發國家愈來愈明顯的趨勢，大家都想要在別人眼裡，做一個「健康快樂」的人，認為自己有義務要保持著愉悅的心情、笑臉迎人、總是很有活力，最好不要因為負面情緒「為別人帶來困擾」。蘇珊・大衛認為，這樣的態度就像是一種新的「社會正確道德觀」，而且人們不只這樣要求自己，也經常這樣要求身邊的人。例如會期待癌症病友積極樂觀，期待小朋友遇到挫折時自立自強，卻忘了給他們表達痛苦與傷心的時間或空間。

然而，這個社會真正需要的，正是這種對人們情緒反應的理解，不只允許人們表達情緒，也要一起想出對應情緒的方案，讓應對情緒不用再從「裝沒事」與「大爆發」兩個極端中二選一。

如果你也不想要成為逃避情緒的人，我們可以從練習當自己最好的朋友、不苛責自己的感受開始。就像是朋友難過的時候，我們一定會先安慰他，跟他一起做一些會讓心情變好的事，而不是反過來檢討他。換成我們自己難過的時候，也不需要總是很嚴苛的覺得自己這樣不對、那樣不好。

情緒雖然是一時的，但還是需要時間度過，也需要用溫柔的方式好好整理，這樣下次情緒來的時候，我們才能一次次減輕那些讓我們不舒服的感覺。

因此，提醒自己時時注意情緒狀態，並且誠實面對，從接受開始，慢慢摸索出屬於你自己的一套應對方式，是生活裡很重要的一步[2]！面對情緒，有些人會聽音樂，有些人會找朋友訴苦，有些人則會透過消費獲得快樂。產生負面情緒的時候，你會怎麼做呢？哪些消化情緒的想法是你很推薦別人也試試看的呢？歡迎你在看完這篇文章之後，開始探索屬於自己的情緒消化方式，並且，在身邊的人低落時，陪伴他一起度過難關吧！

從來沒有失去過的人，對擁有的認知也會有限。情緒是一體兩面的，所以，我們並不是要當一個沒有情緒的人，而是要當一個有豐富感受能力，也知道如何和不同情緒相處的人。

雖然心理的健康跟物理的病痛比起來，心理健康常常被忽略，但其實都同樣重要，好好面對並照顧自己的情緒，也算是在照顧自己的心理健康。在你過去的經驗中，有哪些與情緒相處的好方法呢？歡迎你到原影片下方，跟我們分享你的經驗和想法喔！

影片連結

05

一切都是 they 的錯？為什麼認錯道歉這麼困難？

不知道你有沒有過這樣的經驗：當你發現自己幹了一件蠢事，還不小心害到別人，可是你卻不知道要怎麼向對方道歉，甚至還開始思考自己會不會也是受害者？是不是某個人沒有提醒你，或是開始認為自己那樣做其實也是合理、不應該被責罵的？順著這些思考，你原本想道歉的念頭早就煙消雲散，你反而開始努力證明自己並沒有做錯。

你會不會好奇，到底為什麼「認錯」這件事會這麼困難呢？特別是自己遇上的時候，要認錯、道歉簡直是像要了自己的命。這次讓我們用「避免認知失調」和「受到動機性推理影響」兩個心理機制，來了解為什麼認錯道歉這麼難吧！

事實跟想像不一樣，就會想辦法合理化

不想認錯的第一個可能原因，是為了避免自己「認知失調」（Cognitive Dissonance）。

認知失調是指當一個人同時具備兩種以上相互衝突的信念、想法和價值觀，或是內心想法跟實際行為不一致的時候，會感受到一種不舒服的心理壓力。當這種情況發生時，人們為了消除這股不舒服的心理感受，也就是避免認知失調帶來的焦慮，他們會去改變自己的想法或行為，藉此讓自己的信念跟行為相互一致。

美國心理學家費斯汀格（Leon Festinger）在一九五九年的研究中，就證實了這個現象。他讓一群受試者去上一個很無聊的課程，要求他們在上完課之後，向一個人說謊，跟對方說這個課程很有趣，藉此讓那人有興趣想參加課程。然而，這群受試者獲得的金額報酬是有差異的，有一部分人拿到一美元，另一部分的人則是拿到二十美元。活動結束後，他讓這些受試者填答問卷，訪問他們對剛剛那個課程有什麼感覺。結果顯示，拿到二十美元的人覺得課程很無聊，所以拿二十美元是理所當然的事。然而，那些拿一美元的人，卻在問卷中表示這個課程真的很有趣。

費斯汀格認為，那些拿一美元的受試者，因為無法透過小小的報酬來合理化自己對別人說謊的行為，因此乾脆轉變信念，改成真心認為這個課程很有趣，讓他們

心中想的跟剛剛說謊的行為一致。也就是說，拿一美元的受試者身上產生了強烈的「認知失調」，為了避免認知失調帶來的不舒適感，所以這些人就乾脆直接改變自己的想法。

這種合理化自己的想法，盡可能避免認知失調的狀況，同樣也能拿來解釋為什麼人們犯錯時往往不願意認錯。社會心理學家塔芙瑞斯（Carol Tavris）就指出，當我們面對兩種不一致的想法、意見或態度時，為了避免認知失調所帶來的焦慮，我們會想盡辦法讓大腦相信自己沒有犯錯。

舉例來說，當我們覺得自己很聰明、很棒的時候，卻忽然被某個出現在眼前的證據所推翻，顯示自己並不聰明，甚至會傷害別人，因而產生不舒服的感受，就會開始為自己找一大堆理由，努力證明自己沒有做錯。

這也是為什麼很多人在被別人糾正想法的時候，第一時間的反應就是跟對方說：「你誤會我的意思了。」做錯事的時候也會先想，是不是對方指令下得不夠清楚，或是自己受到哪些外部干擾？這些舉動，都是為了避免認知失調所帶來的焦慮跟不安，盡可能合理化自己的做法。

除了盡可能合理化自己的想法，先入為主的心態，也會影響我們在面對錯誤時道歉的動力。

先入為主捍衛想法，反而降低道歉的動力

第二個讓人們很難認錯道歉的可能原因，是受到「士兵心態」的影響。「理性運用中心」（Center for Applied Rationality）共同創辦人蓋勒伕（Julia Galef）曾經分享一則故事：

一八九四年，法國軍官在廢紙簍中發現一份被撕爛的文件，拼湊後才發現，原來有人正在將軍事情報出賣給德國！

當時法國軍隊充斥著反猶太情結，經過一番調查後，軍方開始懷疑是猶太裔軍官德雷福斯（Alfred Dreyfus）出賣情報。於是，軍方開始核對筆跡，也到他的住處蒐證等，不過，得到的證據都稍嫌薄弱，但這卻讓軍方更堅定的相信，德雷福斯就是這麼狡猾的一個間諜。因此，他們一口咬定罪行，將德雷福斯關進監獄當中。

同時，另一名陸軍上校皮卡（Colonel Picquart）卻認為，德雷福斯可能是無辜的，因為在他入獄後，德國的間諜工作一樣沒有停止，而且有另一位軍官的筆跡更吻合那份文件。不過，當時軍方強硬認為，這頂多顯示出還有另一名間諜的存在，不能排除德雷福斯的問題。

至於這整件事是怎麼落幕的呢？最後是皮卡花了十年的時間才成功洗清德雷

福斯的罪嫌，讓他獲得清白。

理性運用中心的蓋勒伏指出，那些相信德雷福斯有罪的人，是帶著一種運用「動機性推理」的「士兵心態」；至於對這件事提出質疑的人，則是抱持著充滿「好奇心」的「偵查員心態」。

這兩種心態有什麼差別呢？

當人們習慣運用動機性推理時，解讀訊息的過程，就會受到無意識的動機、渴望、恐懼所影響，會傾向以先入為主的方式來區分敵友，認定某些意見是自己的盟友，另外一些意見是非得打敗的敵人。所以就跟士兵一樣，內心充滿著捍衛自己、打敗敵人的態度。這種設定出明確敵我關係的思考方式，會讓我們自以為很公正客觀，然而，事實上卻是，我們被那些自己想捍衛的觀點影響，變得無法接納其他的看法。

但是，如果人們能夠抱持充滿好奇心的「偵查員心態」，就完全不同了。

這種「偵查員心態」會讓人想去挖掘真相，不會一味認定某種說法。因此，這類人在面對新訊息，或是困惑、想得到解答的時候，會感到快樂，也會覺得，檢視自身信念是種美德，不覺得改變心意就是軟弱的表現，更不會因為自己採取了錯誤觀點，就覺得個人價值受到毀損。

從這個角度來看，當一個人習慣抱持動機性推理的士兵心態時，往往也會更難認錯和道歉，因為這樣的心態會讓人堅信自己就是對的，不會去懷疑自己可能犯錯，只想著要捍衛自己相信的事情。

帶著偵查員心態洞察真相

以上就是認錯道歉之所以很難的其中兩種心理機制，不論是調整觀點合理化自己的想法，或是從一開始就認定某個觀點，都是在我們內心裡面築起一道阻擋真相的牆。雖然這些心理機制可能讓我們心情上比較愉快，不用面對道歉的糾結與難堪，卻也讓我們失去了早點解開誤會的機會。

其中，我們特別喜歡「士兵心態」和「偵查員心態」這個區分，因為了解這兩種態度，不僅有助於更誠實的認錯道歉，也有助於看見事情的真相，用更開放的心態了解身邊的事情，幫助我們跟他人之間保持更和諧的相處關係。

因此，我們也期許自己能一直保有這種「偵查員心態」，在面對複雜的議題時，持續了解不同觀點，修正自己的偏見和先入為主的印象。

除了這兩種心理機制，你認為還有哪些因素讓認錯道歉這麼難呢？在過去的經驗中，你認為有哪些方法，可以更快化解不想道歉認錯的心理障礙，早點解開誤會呢？歡迎你到原影片下方，跟我們分享你的經驗和想法喔！

影片連結

06

覺得自己的成就都是運氣好？那你可能也有「冒牌者症候群」！

你身邊有沒有這樣的人？他們頭腦聰明、反應很快，不管做什麼事都比別人還要有效率，運動神經強、長得好看，長大之後，感情和工作都很順利，最近又準備升職加薪，簡直就是「人生勝利組」。在所有人眼中他們有才華、肯努力，能有現在這樣的成就，完全是實至名歸。

但是，每一次他們把事情做得愈好，就愈常自我懷疑，覺得自己的所有成就都是因為「運氣好」或「矇到的」，其實沒有大家想的那麼優秀。

對，每一次喔！

因為他們真的打從心底害怕大家會發現，自己其實是一個名不符實的「冒牌貨」，所以，愈是自我懷疑就愈認真工作，然後再次升職、繼續焦慮，整組流程陷入一個無限輪迴。

其實，這些現象就是典型的「冒牌者症候群」！讓我們一起來深入了解這種讓人又愛又恨的人格特質吧！

成功人士竟然會覺得自己是個「冒牌貨」？

「冒牌者症候群」（Impostor Syndrome）是在一九七八年由臨床心理學家克蘭斯（Pauline Clance）與埃姆斯（Suzanne Imes）所提出。這兩位學者發現，那些被社會定義是「成功人士」的人，常常會有一種很類似的人格特質，他們會在有意無意間，低估自己的成就和表現，把自己創造的了不起成就，全部歸因在像是運氣好、遇到好時機等外部因素。

而且，就算真的有客觀事實，可以證明他們的成就來源不是因為運氣，大家也都很肯定他們了，這樣的人還是會忍不住貶低自己，覺得大家實在是「太抬舉他」了，很堅定的認為自己就是個「德不配位」的騙子或冒牌貨。因為害怕自己被看穿，所以時時刻刻都處在高壓的心理狀態。

舉例來說，他們常常會有這樣的想法[3]：

+ 被別人稱讚的時候，擔心自己無法達到他們的期望；
+ 覺得自己的成功是靠運氣，就算有實際的成就證明，還是會害怕被人發現原來自己不夠好；
+ 準備升遷時，決定先不要告訴任何人，以防止上級改變主意；
+ 覺得需要比別人更努力，才能展現自己的價值；
+ 隨時都有備用計畫，防止別人發現自己的「欺騙行為」；
+ 會想尋求外部資訊來佐證自己的成就，但又不相信那些訊息；
+ 對自己真實的成長經歷、學經歷等訊息保密，認為這樣子就不會有人懷疑自己的地位；
+ 相信別人比自己更有資格，所以每次取得成就後，都沒有信心可以再次做一次。

簡單來說，就是對自己沒自信，卻又急切想證明自己的人，因此，即使他們並不認可自己的能力，卻還是非常需要獲得別人的讚賞。所以，他們有時候還會運用一些個人魅力，像是良好的交際手腕、聰明才智、受人喜歡的外表等等，幫助自己獲得更好的成就和讚美。

然而很有趣的是，經過這一連串的努力，他們又會再次把這些成就歸功於自己的「運氣好」，而不是因為過程中自己的能力和努力，又繼續把自己困在萬劫不復的惡性循環裡。因此，有冒牌者症候群的人，總是會非常謙虛，避免展現自己的自信，因為他們非常在乎別人對自己的評價。所以，他們也常常會過度迎合大家的想法，壓抑自己真實的感受，或真心想要發問的問題。

像我們身邊就真的有一位從小就被認為是超級資優生的朋友，偷爆料自己有時候在課堂上其實也聽不太懂老師在說什麼，但是又不敢舉手發問，因為他很怕自己不小心就會問出蠢問題，萬一讓大家知道他連這麼簡單的東西都搞不懂，那很有可能之前累積的名聲都會毀於一旦。

冒牌者症候群是怎麼來的？

「冒牌者候群」並不是一種精神疾病，傳統臨床心理學中，還是習慣視為是人格特質的一種，但隨著學界做了不少研究，一些證據顯示，這項症狀可能不只是一種人格特質而已。一九八〇年代初期的研究曾指出，在五位成功人士之中，就有兩人覺得自己其實是個騙子；也有其他研究表明，有七成的人都曾覺得自己的成就是

「膨風」來的，而有這種想法的人中，多半都有比較高的成就。

誰比較容易有冒牌者症候群呢？

確實有人認為，高成就的女性比男性還要容易有冒牌者症候群，像是女星艾瑪・華森（Emma Watson）、娜塔莉・波曼（Natalie Portman）、凱特・溫斯雷（Kate Winslet）等，都曾經公開表示自己有這樣的症狀。臉書營運長雪莉・桑柏格（Sheryl Sandberg）也曾在自己的書中提過這件事，她甚至還說：「當我感覺不到自信的時候，就假裝有自信。」

然而，二〇〇六年的一項研究顯示，除了性別以外，在種族、宗教、性取向等方面如果是屬於少數、相對弱勢的人，也都是冒牌者症候群好發群體。

在這裡我們可以進一步去解釋，因為男性與女性所背負的社會期待不一樣，從「女子無才便是德」這句俗諺就可略知一二，傳統社會裡，女性光是要獲得相同的機會就很不容易，即使現在我們還是三不五時會聽到類似的貶低言論，顯示目前的社會觀念仍然有非常保守的部分，所以在追求更高成就和表現的過程中，女性要面對的家庭與社會壓力恐怕還是大於男性。

從這個解釋出發，就能理解，表面上的「生理性別」或許並不是影響冒牌者症候群盛行率的主因。相同的道理也可以延伸到其他領域的弱勢族群身上，由於長期的耳濡目染和社會貶抑，讓他們從來沒有學會自我肯定，因此埋下日後冒牌者性格的種子。

這些冒牌者通常都還會伴隨其他人格特質，像是完美主義、高敏感、內向、沒自信等等，而他們最大的共通點就是非常害怕失敗，也非常害怕成功的時候被人稱讚，因為他們認為，爬得高，摔下來也會更痛。

雖然性別不是有冒牌者症候群的主要影響因素，但是這群冒牌者卻是有性別差異的。有一項有趣的研究結果顯示，同樣是冒牌者，當目標都是要維持自己美好的外在形象時，女性傾向付出更多的努力來證明自己的能力；相對的，男性則是會設法避免讓自己的弱點被發現，是完全兩極的方向。

練習肯定自己，克服心理障礙

從上面的討論我們知道，冒牌者最大的兩個心理障礙就是「無法認同自己」和「害怕失敗」。如果沒有妥善處理，可能會陷入焦慮和憂鬱的狀況，面對未來的新挑戰，也會愈來愈沒有嘗試的信心和勇氣。

要克服這些的基本原則，就是要找到可以「看見自己成就」的方法，為自己建立客觀的評價，學會肯定自己。例如，常跟自己對話、肯定自己的價值，這樣的自我練習都很有幫助。另外，了解自己的恐懼從哪裡來，認識自己心中那個假想的冒牌者，練習用比較幽默的方式跟自己相處，也能讓症狀有所緩解。

不過，說來簡單，要做到真的很難！因為我們的大腦運作非常複雜，有時候這樣做可能反而會招來更強烈的自我負面評價。所以，如果你有這樣的困擾，勇敢去面對，或主動求助專業的諮商人員都是很棒的做法。

此外，除了個人天生性格，外部的高壓環境可能也是造成冒名頂替症候群的原因之一，尤其像家庭、校園，這種對人格養成影響深遠的地方更是關鍵，建立一個更友善溫柔的社會，就從你我做起。所以，從今天開始，大家不妨多給身邊朋友一些真誠的鼓勵，傾聽他們的困擾吧！也歡迎你到原影片下方，跟我們分享你鼓勵朋友的做法喔！

影片連結

家庭與學校篇

在我們大多數人人生的前十多年，家庭和學校幾乎就是生活中，占比最大的兩個部分。在這兩個地方，不管我們是否喜歡，都有許多看似習以為常、長久以來大家遵循的規則，但是，這些事情天生就應該這樣嗎？

在這個章節中，我們精選了四個在家庭和學校裡習以為常的現象，邀請你跟我們一起反轉思考，看見生活裡的「理所不當然」，探究這些現象存在的原因，一起尋找改變的切入點。

01

高中男生竟然「成裙結隊」去上學？男生穿裙子合適嗎？

新北市板橋高中舉行七十三週年校慶時，學生會發起了一場為期六天的「男裙週」活動，邀請校內有意願的男同學一起來穿裙子，還準備了三十件不同尺寸的裙子來借給大家使用。

不過，就在活動進行到第三天時，新北市議員林國春在議會向教育局張明文局長和板橋高中賴春錦校長提出質詢。他提到，有許多家長質疑這個活動的正當性，甚至開始不想讓自己的小孩就讀板橋高中。他除了幫忙反映家長的疑慮，也強調，這場活動如果只是暫時性的表演，可能笑一笑就沒事了，但如果是定期且持續性的宣導男同學一起來穿裙子，那就需要考慮此舉的合適性，而且也應該要通知家長。

一場創意有趣的校園活動，竟然引起議會上的爭執，反對與支持的人是怎麼想的呢？我們應該要怎麼看待男生能不能穿裙子這個問題？

反對的聲音：男生就該有「男生的樣子」

從林國春和反對家長的說法，我們可以看出，男生穿裙子在他們心中並不是一個「正常」、「合適」的行為，充其量，只能當成是一種「娛樂表演」，不應該是我們日常生活中的一部分，因為男生，就該有「男生的樣子」。

他們也擔心，隨著現在這個社會看待性別的方式愈來愈多元，整個社會是不是會愈走愈偏，導致原本的社會秩序遭到破壞呢？過去，各種禮儀、習俗與社會規範，督促每個人各司其職、各自扮演好自己的角色。然而，如果現在男生開始表現得「不像男生」，那就表示他們沒有做好自己的本分，長久下來，男生所應該扮演的角色跟社會功能就會消失，就會讓社會產生失衡，沒辦法再維持一定的秩序。

另外，如果把視角拉回到校園，也有部分人基於安全與方便管理的考量，反對男生穿裙子。他們認為，如果允許男生穿裙子，從外表上就沒辦法快速區別男生和女生。舉例來說，萬一這時候有男生想跑到女廁做壞事，就可能會因為難以辨別的關係，導致管理上變得麻煩，周遭的人也很難及時發現問題或做出反應。所以，如果從安全跟管理上的考量來看，不要讓男生跟女生一樣都穿裙子，可能還是比較合理的做法。

不論從社會秩序，或是校園安全管理的觀點來看，似乎多少都有點道理，那麼為什麼板橋高中的師生還是要支持這樣的活動呢？

支持多元的性別表達，從生活中實踐性別議題

板橋高中學生會回應了這些反對的聲音，他們認為，舉辦這個活動的目的是想要在生活中促進對性別議題的討論跟重視，也希望大家可以利用這個機會，勇敢做自己，並且在生活中落實對其他人的友善跟尊重。

沒有人應該因為自己是「少數」而需要向別人道歉，所以，他們希望可以一起來打破性別刻板印象，裙子僅僅是一種外在表徵，重要的是在生活中，學習尊重彼此性別氣質的差異，願意理解不同人的想法。因此，這對他們來說，這不只是一樣有趣的反轉嘗試，也是從生活中用身體力行去尊重彼此的差異。

板中學生的信念獲得許多支持，在議會質詢片段流出後，板橋高中校友也發起另外一波「男裙」活動，決定在校慶當天號召更多民眾來穿裙子聲援學校，活動在

線上跟線下都引起了熱烈迴響。

支持者表示，自己想要跳出來發聲，是因為他們發現生活中充斥著各種性別刻板印象，而且還有不少人因此受到傷害。例如，葉永鋕事件就是個著名案例，這些性別刻板印象所產生的迫害和悲劇，比我們所想像的還要嚴重、可怕。

還好，這些情況是有機會被改變的！

裙子不專屬於男生，也不專屬於女生

所謂的性別刻板印象，基本上是被「建構」出來的，也就是說，是我們賦予每個性別不同的意義，才讓不同性別有了各自應該要做什麼事情、扮演哪些角色的規範。而且，每個地方看待性別的方式也都不太一樣。

以裙子來說，雖然我們的社會比較習慣看到女生穿裙子，但在古代，或是在其他地方，男生穿裙子並不少見。例如，中國古代男性穿的長袍、蘇格蘭男生穿的基爾特裙、緬甸男子穿的隆基裙，其實都屬於一種裙子。換句話說，其實什麼東西屬於男性、什麼東西屬於女性，客觀來說也沒有一個絕對的標準。

更重要的是，其實這些性別刻板印象所連結到的行為，本身也跟道德對錯並沒有什麼關係。像「男生穿裙子」的這個舉動，也不是道德上的錯誤，因為這並沒有侵犯到任何人的權益。換言之，「男生不能穿裙子」並非不能打破的規範，而且，我們其實也沒有很好的理由去限制這樣的行為。

所以，回到這次板橋高中「男裙週」的活動，學校師生的目的，其實是為了翻轉傳統的性別刻板印象，希望能透過這種方式讓更多人活得更自在，然後避免人們再因為性別刻板印象而受到無辜傷害。

志祺七七觀點：接受真實的自己

我們自己也滿欣賞板橋高中發起的這項活動，因為傳統性別刻板印象所在意的不同，其實並不是那麼重要，最重要的其實是「我們都需要愛與尊重」，以及，我們都是「平等的人」。

另外，我們也想說，其實有些父母雖然會基於性別刻板印象，去責罵那些性別氣質不符合社會期待的小孩，但他們或多或少可能也是出於一種自責的心態，覺得小孩是自己生養的，卻又讓小孩變成一種「不好的狀態」，所以才會急著想要「導正」孩子的這種不同。只是父母的這份自責，往往也會在小孩身上留下最深的傷口，因為孩子會發現，自己最親近的人，居然沒辦法接受最真實的自己。

所以我們覺得，如果要讓孩子好好成長，那麼做父母的或許可以從拋開自責開始，去看看孩子真實的樣貌，了解那些性別刻板印象，其實沒有對應到所謂的「正常」或是「不正常」，所以也不需要太擔心自己的小孩會「誤入歧途」。只要試著去理解跟接受他們真實的一面，那麼就能成為他們好好成長的堅實後盾。

性別刻板印象對一些人的成長過程造成了負面影響，但現在的社會也有愈來愈多人願意接納不同的性別氣質。在你的成長過程中，有沒有遇過身邊的人因為性別刻板印象而被排擠的例子呢？如果事情再重來一次，你會怎麼做呢？

讓生活的環境中，有更多人願意了解和接納不一樣的彼此，是我們一起努力的目標，如果你想到促進讓更多人在生活中實踐性別理念的方法，非常歡迎你到原影片下方留言，跟大家分享喔！

影片連結

02

到學校補眠、吃早餐？讓人睡不飽的早自習到底有沒有必要？

二〇一六年開始，台北市有四所國中小開始延後學生到校的時間到上午八點二十分[1]，不需要早自習，直接上八點四十分開始的第一節課；到了二〇二〇年，已經有三十九所學校這麼做了。除了國中小，高中也開始有學校宣布延後上學的時間，例如，二〇一八年一月，新竹高中廢除了有九十六年歷史的「早自習」和「朝會」，讓學生七點五十分到校就好。

近年在公共政策提案平台上，對於是否廢除早自習、延後到校時間的提案，也有不下十次，雖然提案多半沒有通過，卻有很多人持續表達這個提議。在二〇二〇年末，廢除早自習、延後國高中上課時間的提案，第一次在短時間之內獲得萬名網友附議[2]，於是教育部招開公聽會，來回應民眾的需求。

是什麼原因，讓愈來愈多人開始思考，要不要廢除歷史悠久的早自習和早上的校園活動，延後學生到校的時間？強迫人早起的早自習，到底有沒有必要呢？現在就讓我們一起來看看吧！

早上第一節課之前的時間，該怎麼利用？

在早上第一節課之前，多數的學校都會有早自習、全校都必須參與的朝會，或是其他由老師安排的活動，而這些事務往往行之有年，無法輕易改變。

舉例來說，在新竹高中宣布廢除早自習和朝會後，隔壁桃園市武陵高中校長林清波也被問到，要不要跟進新竹高中的做法？林校長就表示：「不需要跟別的學校起舞，我們有我們的傳統和教育哲學。」他認為，早自習和朝會，是「生活、生命、人格的教育時機」，不可輕易廢除。

至於新竹高中能夠成功廢除這些行之有年的活動，也是經過同學整整一個學期的公民不服從，還有學校老師的理性討論，與教育部政策的配合，才成功讓每週二早上的朝會，以及每天的早自習，正式走入歷史。

從制度面來看，其實現在沒有任何法源規範學校必須要有早自習，像是教育部國教署就已經頒布，二〇一七年九月起，高中職每週有兩天可以自由安排早上的課前活動，不需要參加早自習。各校要不要繼續維持早自習，則需要依照民主程序，由師生一起決定。至於國中和國小，早在一九九七年，教育部就發布公文取消早自習了。

所以，校方實際上並沒有權力，在沒有師生共識決議的情況下，強制學生參加，更不能記錄早自習的出缺勤。

雖然制度上並沒有規定，但實際上，早自習似乎還是各級學校的傳統，而且從網友的討論中也會發現，早自習的實際情況，跟原先期待這段時間要「讓學生自主學習」，似乎不太一樣。

早自習時間可能不是學生的自主學習時間？

先不談早自習的存在到底合不合理，或是做哪些事才合理。從各大論壇整理網友反映的真實情況，可以發現學校在早自習時間，很常發生以下三種情況：

第一種，也是最常見的，就是「**遲到**」。有些學生住得離學校較遠，可能會因為路途遙遠又不小心錯過公車，沒辦法在早上七點半以前抵達學校。

第二種情況則是「**補眠**」，前一晚因為寫作業或準備隔天考試而晚睡，導致進教室後還是昏昏欲睡，忍不住就會想利用早自習的時間補眠，這樣的話，第一節課至少還能有點精神，不至於在老師面前整個睡死。

最後一種，則是「**吃早餐**」。也許是因為跨區通勤路途遙遠，或是早上晚起了，很多人是在路邊的早餐車、豆漿攤或便利商店，隨便抓個東西，就直接進到學校。手上來不及吃的早餐，自然是趁早自習的時候趕快吃掉。

除了常見的這三種生活情況，早自習時間也常被用來進行課堂的考試，或由導師和學校安排其他集體活動，並不能完全讓學生自主運用、自主學習。

因此，有很多人就認為，如果學生在早自習時間經常遲到，甚至拿來補眠、吃早餐，或是被安排其他活動，那為何不直接取消早自習呢？

廢除早自習：符合課綱改革方向，也比較健康

覺得早自習應該要被廢除的人認為，早自習在目前的課程設計方向，和考量學生健康的情況下，並沒有繼續存在的必要。

首先，過去常常被拿來在早自習進行的小考，往往是因為正常上課時間裡，連

講課的進度都很緊迫，沒辦法空出時間來考試，才會安排在早上課前的時間。然而，這種因為「課上不完」所以另外安排時間的做法，放在課綱改革的現在，反而暴露出教學現場可能還沒有適應新課綱的教學方向，上課模式仍然局限在舊有教學思維的問題。

而且，就算學生對早自習有一定程度的自主權，在早自習時間安排進度內的考試，等於是變相強迫大家一定要參加，這樣還不如一開始就不要有早自習這段看似彈性的時間，讓考試跟教學都能在合理的時間內進行。

而從健康的角度來看，「讓學生睡飽」也是支持廢除早自習的重要觀點。例如，世界各地的實證研究都發現，晚一點上學的學生，在學業表現上普遍會比早上學的學生好[3]，因此，全世界很多學校都開始延後學生的上學時間。

除了學生需要睡飽，其實，家長和老師也是早自習制度下睡眠不足的一員。舉例來說，有些家長其實是早上九點之後才上班的，為了在七點半就要送小孩到學校，等於是出門上班的時間也被迫要提前，必須跟著一起早起。

老師也有類似的困擾。學生早自習時，老師即使不用在教室內，還是得要到學校，純粹監督學生、管秩序，其實意義不大。因此，很多人就認為，這樣的話，不如取消早自習，讓學生、家長、老師，三方都能更彈性自主運用早上的時間。

不過，這些角度說的都很有道理，從世界各國的案例也發現，晚點到學校並不會影響學生的學習表現，學習效果反而會更好，但是為什麼爭執了這麼多年，早自習仍然存在於各級學校裡呢？我們來看看支持方的說法。

維持早自習：提升學習效果，維繫好的學習傳統

首先，支持者認為，從「讓學生有自主學習的時間」這點來看，早自習仍然有存在的意義。一方面，如果沒有早自習，那各科小考就得在課堂上考，這可能就會壓縮到上課時間，導致課上不完或是上得很趕，整體學習效果也不好。另一方面，對於念書比較被動的學生，早自習的小考有助於在下一次上課前複習課程內容，對學習來說也有其必要。

來自升學的壓力，也是早自習持續存在的原因之一。有人就覺得，如果學生連早起都不願意，怎麼可能會認真念書！還有些家長認為，如果學校沒有像早自習、第八節這些加強學習的時間，可能不利於自己孩子的升學，因此，傾向把孩子送到有早自習的學校去。這樣一來，學校迫於招生壓力，也會更慎重去考慮維持早自習的規定[4]。

另外，在早上進行的朝會、導師時間等，也是師生之間互動溝通不可或缺的時刻，這樣的優良傳統，也有很多學校認為不能貿然廢除。

也有人從時間安排的角度切入，認為學生因為有早自習，可以錯開一般上班族的上下班巔峰，不只是不用跟上班族一起塞在路上，也有利於家長接送，配合爸媽上班時間，送完小孩之後就可以接著去上班，一舉兩得。

志祺七七觀點：自己學習、自己選擇、自己負責

早自習之所以設立的核心目的，是希望學生能自主學習、自我管理。那麼，既然是讓學生「自主」，其實就不應該強制學生參加，甚至是拿來舉行課程進度內的考試。我們認為，這其實跟「自主」的目標，有點背道而馳了。

至於有些人主張說：「連早起都不願意，怎麼可能認真念書！」這也有歸因謬誤的問題。畢竟念書是跟個人未來的生涯規劃和興趣相關，硬要把「不參加早自習」解讀成「不認真念書」，恐怕也不太妥當。

也因此，就我們的觀點來看，我們支持能自由參加、而且不考試的早自習，也就是把早自習的自主權還給學生，將表定的上學時間延後，由學生自行安排正課前

的早晨時光，找出最適合自己的學習方式。

另外，如果學校基於引導學生學習的理由，認為應該要鼓勵學生多多參加早自習，我們認為應該要做的，或許是增加學生來參加的動機。比如說，萬華國中就曾在早自習舉辦趣味科學實驗，藉由每個人親手做實驗，幫助理解自然科學的課堂內容。像這些吸引學生參加早自習的做法，比起日復一日的考試，或許更能彰顯早自習在自主學習和自我管理的價值。

看完這些討論，你支持取消早自習，延後上學時間嗎？除了早自習外，校園中「第八節課」也是類似的概念，都是正課之外，大部分學生需要參加的學習時間，也有很多學校會直接當成正課，繼續課堂教學進度。對你來說，這些額外的學習時間安排，合理嗎？學生是不是一定要參加呢？這些被額外安排的學習時間，對學習真的有幫助嗎？歡迎你到原影片下留言，跟我們分享你的看法喔！

影片連結

03

你知道嗎？愈是看不慣爸媽某些行為，長大後可能愈來愈像哦！

我們在很多論壇的分享裡，都會看過類似的情節：小時候我們往往會抱怨，爸媽情緒一來講話就很難聽，結果自己長大後，竟然也對自己的小孩做出同樣的行為。不只是對孩子，在待人處事上，我們也常常不經意會發現，那些以前我們「討厭」的行為，竟然不知不覺也出現在我們身上！

為什麼我們明明不想跟爸媽有一樣的負面行為，長大後卻又像複製了，變得一模一樣的呢？

從「家庭互動模式」理解我們與家人的關係

在進入討論之前，讓我們先回過頭來了解一下，什麼是「家庭互動模式」。家庭互動模式，指的是家庭成員之間的溝通、協作，以及家庭規則，簡單來說，就是家庭成員對待彼此的方式。

家庭互動模式有百百種，有時候，一個家庭之中可能不只出現一種互動模式，比如說「**三角化關係**」就是常見的一種。舉例來說，爸媽發生爭執，逼小孩選誰才是對的，這種聯合一方來打擊另一方的相處模式，可能就是一種三角化關係。通常三角化關係，大多是父母聯合小孩來對抗彼此，如果小孩支持媽媽，可能就會被爸爸視為「叛徒」而產生衝突。

類似這種情況，多半是因為兩個家庭成員之間的衝突難解，只好找來第三人扮演調解或轉移焦點的角色，但這也可能讓第三方受到衝突影響，出現比較大的情緒起伏，衍生心理問題。

還有一種常見的家庭互動的關係，是「**結構僵化**」的關係。結構僵化的意思是，家庭成員之間，為了維持表面的穩定狀態，而選擇忽視潛藏的對立與衝突。比如說，晚輩看不慣長輩抱持「他們的意見才是意見」的溝通方式，但為了不要產生衝突，搞得全家人都不愉快，最後選擇放棄跟他們溝通，維持表面的和平，但心裡卻一直耿耿於懷。

在結構僵化這種互動模式中，握有權威的家庭成員，可能會把溝通、改變，視為「挑戰權威」的舉動。其他人為了不要與其產生衝突，就會傾向選擇冷處理彼此之間的問題，用減少互動來維持和諧，於是雙方的相處可能會愈來愈僵化，感情也逐漸疏離。

至於「**界線模糊**」這種家庭互動模式，則是另外一種相反的情況了。界線決定了我們跟家人之間的距離，也影響我們該如何與他們互動。家人間的界線愈模糊，彼此的情緒可能愈容易互相影響，也可能把別人的問題當成自己的問題，或是反過來，過度干預別人的問題。

這類的互動模式，可能起因於爸媽過度擔心小孩受傷害，不敢放手讓他們自己做決定，也不太讓小孩自己處理問題。同時，小孩可能也傾向把爸媽的期望當成自己的目標，壓抑自己真正的需求，或是過度依賴爸媽給予意見，不太習慣去獨立思考、溝通想法。

綜合影響之下，可能就會讓彼此的情緒、價值觀界線愈來愈模糊，影響個人自主空間。心理學家米紐慶（Salvador Minuchin）和利伯曼（Marian Liebmann）根據臨床經驗發現，患有嚴重心理疾患的兒童，可能也跟家庭成員間的界線不清有關。

如果我們正處於這樣的關係當中，那該怎麼做呢？

換位思考，解決互動中產生的問題

如果你處在「三角化關係」中，被當成「調節衝突」的第三方，或許可以先試著同理當事人的心情，讓對方感受到你的支持，減緩三角化關係中的情緒張力。等到當事人心情比較平穩了，再請他試著想辦法自己解決問題，清楚表明你沒有辦法協助他處理，避免讓自己繼續陷在衝突當中。

如果你想改變的是「結構僵化」的相處模式，或許可以讓掌控權威的那方，比方說爸爸，讓他了解到現階段的你，可能需要他哪些協助，而不是一味以他的意見為意見。藉由讓爸爸知道，你還是需要他，只是想換個方式相處，表現出對他的尊重，或許就比較能讓爸爸願意改變。

在「界線模糊」的互動方式中，做為父母的一方，或許可以試著丟幾個簡單的任務給小孩，發展小孩獨立處理問題的能力；身為孩子的一方，也可以請父母試著放手讓你自己面對問題，同時讓他們知道你可以為自己做的決定負責。透過這樣的互動練習，慢慢建立彼此的默契，或許就能建立大家都覺得剛好的距離。

另外，尋求專業幫助也是一個好的選擇，像是台灣各縣市的「社區心理衛生中心」，就有提供電話心理諮詢和各項成長課程，提供給民眾預約使用。從這些活動中，我們也可以進一步梳理自己與家庭之間的關係，找出更適合彼此的互動方式。

家庭的互動模式也會跨世代傳遞

事實上，家庭互動模式會隨著成員進入不同年齡階段而持續變動，現階段碰到的問題，可能長大後會慢慢消失。不過，還是有很多人發現，自己長大後也會做出跟爸媽類似的行為，出現「家庭互動模式複製」的情況。

「家庭互動模式複製」，意思是上一代的「正面」或「負面」互動模式，會複製到下一代，心理學家包溫（Murray Bowen）稱這個現象為「跨世代傳遞」。舉例來說，爸媽講話經常做出「人身攻擊」，他們的小孩以後跟伴侶溝通，可能也會複製這種溝通模式，類似這樣負面的互動方式，可能並不會隨著時間消失，甚至會一代代複製下去。

為什麼會這樣呢？「**自我分化**」和「**情緒掙扎**」這兩個包溫所提出的心理學概

念，都是可能的原因。

自我分化指的是，人類區別情緒和思維的程度。人類自我分化的過程，有點類似細胞一分為二，開始具備特定功能的過程，因此這個現象被心理學家取名為自我分化。

自我分化包含了兩種力量，一種是「個體化」，會讓自己和家人在心理上有所分離；另一種是「集體化」，會讓自己和家人在心理上有所關聯。

一個自我分化程度高的人，他比較能清楚區分別人和自己的情緒或是想法，不容易被其他人影響。換句話說，自我分化程度高的人，個體化的力量比較強，因此較能跟家人保持適度的距離。

相反的，自我分化程度低的人，集體化的力量比較強，他們大多跟家人之間的界線相對模糊，容易被影響到心情和思緒。在潛移默化下，可能更容易把原生家庭的互動模式，帶到自己新組建的家庭。

另外，在複製家庭互動行為上，另外一項因素是情緒掙扎。

情緒掙扎指的是，原生家庭中未解決的焦慮、痛苦情緒，通常也會有跨世代傳承的現象，導致當事人重演當年的創傷場景。

舉例來說，當一個人在原生家庭中遭遇爸媽言語羞辱的話，那過程中產生的情緒，可能就會一起帶到新組建的家庭中。如果在偶然之間，出現了類似當年的場景，當事人的情緒或許會爆發，對小孩和伴侶做出言語羞辱的行為，重演爸媽的負面互動模式。

當我們發現自己重演了爸媽的負面互動模式，除了第一時間試著釐清自己的情緒源頭、尋求協助，也可以嘗試劃清楚過去與現在的界線，讓自己意識到過去發生的事情，是因為當時的人、事、物所導致，但現在已經是完全不同的時空，不用再背負過去的情緒重擔，練習把焦點專注在解決當下的問題，並就事論事，或許就能讓情緒穩定，減少負面互動產生的機會。

志祺七七觀點：修復關係比對錯更重要

除了複製過往與家人相處的模式外，也有相反的例子，有些人為了不要重演父母偏心的行為，會刻意想公平對待自己的孩子，結果，反而讓孩子認為爸媽有維持公平的義務，導致對所有事情都斤斤計較。

從這個例子來看，為了避免重複的情況發生，矯枉過正，反而失去原本思考家庭互動關係的意義了。家人間的問題，或許並不是從原生家庭找出問題的因果關聯就好，而是要從所有家庭成員之間的互動來看。比方說，衝突發生的當下，如果有其中一人，先停止讓負面情緒繼續擴大，或許就能從源頭來解決問題。

換個角度來看，家人之間發生的各種紛爭，往往還夾雜著許多複雜的情緒，也許是關心則亂，也許是彼此的初衷都是為了對方好，卻因為沒有用適當的方式互動造成誤解等等。比起歸咎於對方，不如朝修復關係的方向一起聊聊，說不定更能在衝突之中，找到彼此都能接受的處理方式。

家人之間有互相扶持，也有許多因為關心而引發的衝突，需要彼此更多的理解和溝通。在你的經驗中，遇到家人之間的衝突時，都是怎麼化解的呢？也歡迎到原影片下方留言，跟我們分享你的溝通妙方！

【本篇原稿內容與台北市政府衛生局社區心理衛生中心合作】

影片連結

04

愛拿「為你好」當理由的爸媽，為何總是讓人受不了？

「我是為你好！」

在成長的過程中，我們可能都曾經聽過，自己或朋友的爸媽用「這麼做都是為了你好」的說法，要求我們乖乖聽話。還有像是「天下無不是的父母」、「你為什麼不乖乖聽話」等等，好像只要稍微表達自己的意見，就會被當成是在頂嘴。

或者是，有時候兄弟姐妹吵架了，爸媽也會說：「讓一下有什麼關係？你是哥哥欸！」也有些家長，擅自幫小孩做了許多決定，像是應該去補英文、補數學、補各種才藝；考試前還會禁止小孩出門，只能待在家裡念書；或者完全不在乎孩子的隱私權，會偷看他們的信件、卡片、與同學間的紙條，甚至是手機裡臉書或ＩＧ的訊息。等小孩長大，很多長輩也還是繼續把他們當成「小孩子」來互動。

但是，仔細想想，這些看似常見的習慣中，只有從長輩觀點出發的「我是為你好」，至於被施加了「好處」的孩子，永遠只能是個需要被照顧的對象，沒有自己獨立的聲音。

「為你好」背後，有無數個不被尊重的孩子

當我們是那個沒有聲音、受到大人支配的孩子時，自己可能就會感覺不受到重視、不被尊重。如果這種不被尊重的感覺，在成長過程中持續累積，可能就會影響到成年後的性格，帶來更嚴重的問題。

舉例來說，當一個孩子在學校裡跟同學吵架了，如果老師根據他自己對學生的印象，不問清楚原委，就說一定是某一邊不對，或是用連坐處罰的方式處理，孩子就會覺得老師完全不信任他。

同樣的，如果老師把狀況告訴了孩子的爸媽，但爸媽沒問清楚事情的細節，一接到消息就直接責怪小孩，也很容易讓孩子覺得沒有人跟自己站在一起，感到非常無助。特別是對孩子來說，爸媽是最親近、最熟悉的人，當最親近、最關心自己的爸媽，都不在乎自己的感受時，是不是代表自己真的不重要、很沒價值？

這種長期「不受重視」的感覺，可能會造成兩種不同方向的影響：

第一種影響是，容易讓孩子的自我價值感變得很低，像前面提到「感覺自己很不重要」的情況。這樣的狀況，也會讓孩子變得太在意別人的看法。有時候，過度渴望被肯定的心理，可能會讓人在遇到問題的時候，下意識自認為：「是不是我有什麼事情沒做好？」「我怎麼又搞砸了？」對自己很沒自信。

第二種影響則讓性格往另外一個極端發展，在父母相對強勢的掌控下，反而容易讓孩子為了要掙脫，會變得比較叛逆。如果在這個過程中，跟爸媽、長輩的衝突，能讓彼此互動模式有所改善的話，或許還能滿足孩子一些心理上的需求。但是如果反抗或叛逆無效，孩子甚至可能變得自暴自棄，覺得「反正也輪不到我做決定」、「我努力也沒有用」，進而對很多事情都失去興趣。

更嚴重一點，如果孩子從小到大都沒有自己做選擇、自己承擔後果的經驗，可能會養成什麼事情都要回家問爸媽的習慣。不論是往哪個方向發展，這些狀況多少都會讓成長過程充滿挫折，長期下來也會影響到成年後的人格與人際關係。

那麼這些情況能夠有所改變嗎？要怎樣才能讓長輩不要繼續這樣做呢？

改變現狀，從試著理解長輩「為何這樣做」開始

改變是有可能的！不過，這件事情不能只有孩子參與其中，還有對孩子施加壓力的長輩，也是互動中很重要的一環。因此，先理解長輩為何這樣做，是突破的關鍵。

為什麼大人總是不怎麼重視小孩？主要的原因可能有四種：

第一種原因是，很多長輩可能真的沒想太多，直接從自己的生活經驗，複製自己小時候被對待的教養方式，因此對他們來說，可能從來沒想過這種理所當然的互動方式，會對孩子造成負面影響。

第二種原因則是，他們潛意識就認為小孩子不懂事，因此，也無法判斷事情應該怎麼做、怎麼應對，所以最好的辦法當然就是「聽我的」囉！只要照我說的去做，就不會錯了。從這個角度來說，長輩的確是為了孩子好，希望孩子能少走冤枉路，只不過，他們卻不小心忘記了，其實每個人都會隨著成長的過程，閱歷愈來愈豐富，能夠自己做判斷。

第三種原因，則來自於大人對小孩的掌控欲望，某些家長會覺得，既然小孩生命是我給的，就應該要聽我的，孩子對他們來說就像是自己的所有物，完全沒想到

孩子也是獨立的個體，因此他們自認為有權力決定孩子能夠跟誰成為朋友、應該上什麼課、要去哪間學校。再極端一點，有些過得比較辛苦的爸媽，會認為孩子悲苦的人生都來自於沒用的自己，既然不希望孩子繼續受苦，不如選擇帶著孩子一起結束生命。

最後一種原因，來自一些比較傳統的家庭觀，很多人會用孩子的行為舉止和成就，來判斷父母的教養成果，很像是把小孩當成是父母的作品。比如說，孩子考試成績不錯，有些成就、出人頭地了，就會覺得是爸媽教得好；相對的，要是小孩不乖、沒有考到好學校，爸媽就顏面無光，自認為教導無方。在這樣的傳統觀念中，小孩被視為是父母的延伸，因此，只要聽爸媽的話就對了，爸媽可以，也應該直接幫孩子做出決定。

面對大人的不重視，小時候的我們可能會很無力，卻不知道該怎麼做。不論這些不愉快最後怎麼化解，長大後的我們如果想要修復這些關係，該怎麼做呢？

長大後的我們，勇於溝通也學會接納不完美

首先，面對這些不被尊重的情境，或許我們可以開始試著跟長輩溝通，告訴他

們自己的想法和感受，試著讓他們可以理解，剛剛做出來的事情，或是講出來的話，其實讓我們覺得不太舒服。

在這種試圖溝通的情境裡，最重要的原則是：不要急著糾正對方，因為這樣做很容易會讓對方覺得自己被否定，進而產生防衛的心理，讓溝通變得更加困難。

然而，雖然我們都知道溝通交流的必要，實際情況卻可能是，即便我們長大了，要跟那些不習慣尊重小孩的大人溝通還是很困難！溝通無效時該怎麼辦呢？如果溝通真的無效，或許還是只能先調適自己，讓彼此先保持一點距離，短時間內減少接觸，等到彼此都冷靜下來之後再繼續溝通，減少衝突和帶來的傷害。

同時，我們也可以學著接受和承認，自己確實是比較沒有自信，也可以試著去練習，不要把所有問題的責任，全都歸咎到自己身上，畢竟成長過程中的很多事情，都不是我們自己可以控制或決定的。即使我們的成長過程不能重來，但是長大後的我們在成為大人之後，如果都能從我們的孩子還小的時候，就用正確的方式來跟孩子互動，肯定有機會避免很多悲劇發生。

除了從自己和身邊的人開始，身體力行調整對待孩子的方式外，社會上有沒有比較完整的兒童權利概念或共識呢？當然是有的！有一群長大的孩子，把孩子需要的尊重寫成了正式的文件，希望能讓孩子的聲音，有機會被聽見。

兒童權利公約：保障未成年人的基本權利

一九八九年，聯合國訂定《兒童權利公約》，希望從事情的源頭開始，改善兒童不受到重視的問題。《兒童權利公約》是由聯合國成員開會訂定的一個國際公約，規定各國應該要重視並且立法保障兒童的權利。在公約當中提到的兒童，其實不是大多數人理解的「十二歲以下」兒童，而是廣泛把所有「未滿十八歲」的兒童和青少年都涵蓋進去。

訂定這個公約，主要是未成年人常常因為年齡的關係，被認為沒辦法對事情有完整的認知，或者是被認為沒辦法清晰表達想法，導致聲音容易被忽略，因此他們的權利需要受到保障。《兒童權利公約》涵蓋的面向很廣，其中有四個常常被特別點出來的基本權利，包括：不受歧視權、兒童最佳利益、生存及發展權，以及被傾聽及意見獲得考量的權利。

+ **不受歧視權**：不應該因為兒童或青少年的身分、家庭因素或是個人特質，而被歧視或有差別待遇。
+ **兒童最佳利益**：與兒少有關的法規、行政決策、司法判決等等，都應該要把「兒童最佳利益」當成最優先考量因素。

- **生存及發展權：**國家應該要確保孩子能健康順利的長大，而且也要提供他們足夠的教育，訓練他們可以在未來的社會上自主生活。
- **被傾聽及意見獲得考量：**所有跟孩子有關的事物，他們都有權利參與和表達意見，而且不能只是徒具形式，還必須認真的把孩子的想法納入考量。

此外，在《兒童權利公約》中，也有一些在台灣較少見，在其他國家仍可見的面向。比如說，戰爭和武裝衝突中的兒童兵的問題，還有該如何處理難民兒童等等，都有明確規定各國應該如何應對這些情況的方針。

前面討論到那些孩子不被尊重的情境，往往在很小的時候，就已經留在孩子心裡，隨著孩子長大，自我意識逐漸變強，衝突可能會變得愈來愈明顯和嚴重。《兒童權利公約》中涵蓋的項目，提供我們一些與孩子互動的方向，以孩子也是一個「獨立個體」的角度來思考，如何平等交流。

換位思考：我想要被怎樣對待？

無論是小孩或大人、長輩或晚輩，我們同樣都是「人」，那只要是人，大家就應該要學著同理，並且尊重彼此。雖然說，要跟長輩溝通這個想法，需要花滿長的時間才能有所改善，但我們或許可以試著先從自己做起。比如說，做為一個成年人，我們遇到小孩子的時候，就可以練習換位思考說，如果我是他，我希望大人怎麼對待我？

其中最重要的原則，就是「己所不欲，勿施於人」吧！

就像我們不喜歡被人突然冒犯，所以在跟成年人互動時，我們會先詢問對方的意願，了解對方是否有空等等。同樣的，如果想要跟一個小朋友玩，或是跟他講話聊天，那我們應該要先打招呼，再詢問他的意願，而不是直接自顧自的要求他必須順著我們的意思。

當我們成為爸媽之後，也可以用一樣方式來跟自己的孩子互動。比方說，遇到問題或衝突的時候，很多父母可能會覺得，小孩是在挑戰自己的權威。但其實我們可以換個角度想，對孩子來說，會想要問問題、有不同的意見，很可能只是他在釐清、建立屬於自己的價值觀而已。

這時候，家長或許可以先練習多多傾聽，不要否定孩子的情緒，並鼓勵孩子說出自己的想法，問問他：「你會這樣想，有什麼原因嗎？」這樣不只可以幫助自己，釐清孩子的想法，也能給孩子一個練習表達自己感受與想法的機會。光是有這樣的過程，對孩子來說，其實就是一種非常受到尊重的互動了。

在你的經驗裡，是否曾遇過這類因為「我是為你好」而引發的衝突呢？如果再重來一次，你會希望怎樣被對待呢？歡迎到原影片下方參與討論，跟我們分享你的看法喔！

【本篇原稿內容與台南市政府社會局婦女及兒童少年福利科合作】

影片連結

社會與世界篇

社會為什麼是按照這些規則運作的？一個現象背後，牽動了哪些社會結構性問題？如果遇到不同價值之間的衝突，該怎麼選擇呢？

在這個章節中，我們聚焦的六個主題，內容涵蓋社會制度、國際議題、弱勢群體、性別、基本權利等不同面向，從這些世界各地都曾發生過類似情況的案例中，了解我們身處的這個社會是怎麼運作的，以及未來有哪些改變的方向，值得我們繼續努力推動。

01

為什麼有錢人要繳比較多稅？平等跟自由該如何平衡？

每年五月是報稅的季節，也讓很多人經歷了一場「噴錢」的風暴！在台灣，要繳多少所得稅，是依照收入高低來規定的，收入愈高，稅率就愈重，收入較低的人，不只是繳比較少，甚至有機會可以免稅。

不過，一樣都是辛苦賺錢，為什麼賺比較多的人就應該要繳比較多的稅呢？這樣真的公平嗎？接下來就讓我們來聊聊，有錢人必須繳比較多的富人稅，到底有什麼道理！

為什麼人民需要繳稅給政府？

關於稅，首先，我們可以先了解一下為什麼人民需要繳稅。

一般來說，這是因為人民要靠政府維持社會基本運作、提供各種公共服務，像是確保法律執行、建設基礎設施等等，因此當每個人都付出一些，集合所有人的力量，政府就有足夠多的資源來幫助自己過上更好的生活。在政府的經濟來源中，比起例行的規費或罰款收入，稅收占的比例往往是最多的，而在人類的歷史上，徵用勞動力或物品也是類似的概念。

那麼，既然人民繳稅是為了讓政府有錢好辦事，而且大家也都能享受到政府的服務，為什麼政府不讓每個人都繳一樣的錢就好，而是要規定有錢人必須要繳比較多稅呢？

在回答這個問題前，我們可以先了解一件事。課稅的方式，也會影響到人民對一件事情的看法和行動，因此，政府常常會透過不同的徵稅手段，來促進人們做或不做某件事的動力。

舉例來說，為了保護環境、減少溫室氣體排放，有些國家會實施「碳稅」或「能源稅」。比如說，英國就針對特定電力公司徵收碳稅，減少他們對溫室氣體的排放量；挪威也針對二氧化碳與氫氟化物這兩種溫室氣體，徵收排放稅。這樣一來，因為排放的愈多，要付出的金錢成本就愈高，給了廠商改善排放量來降低成本的動力，長久下來，就有機會可以降低溫室氣體的排放量。

那麼，讓有錢人繳比較多稅的目的又是什麼呢？

富人稅初衷：改善貧富差距的惡性循環

徵收富人稅的主要原因，就是為了促進階級流動，好讓整體社會可以更穩定的運作。一方面讓高收入的人多付出一些，讓政府可以有更多資源來幫助弱勢，改善更多人的生活；另一方面，讓低收入的人繳比較少稅，甚至免稅，也可以讓他們更有機會累積財富，快點擺脫經濟弱勢的情況，整個社會才不會有「富者愈富，貧者愈貧」的惡性循環發生。

從這個政策的實際執行面來看，高收入的人比較有餘裕，也比低收入的人能承受更大的金錢支出，所以這確實是可行的方向。因此，對高收入的人徵收比較多稅，也是各國為了維持社會穩定運作的常見方法。不過，這種制度卻引來更多爭論。有人就質疑，如果有錢人是在合法情況下賺到比較多錢，那麼他們應該有權利享受自己辛苦付出的成果，政府如果因為他們收穫較多就抽比較多稅，反而像是一種懲罰。

關於這個問題，我們覺得可以從「平等」和「自由」兩個重要價值觀切入，看看哪一個在你心中比較重要？

支持方：

有錢人多繳稅是為了讓社會達成機會平等

支持富人稅的人認為，有錢人能賺那麼多錢，不只是因為自己的努力，而是同時獲得很多外在因素的幫助，包括運氣不錯、家庭背景很好，或是他們擅長的事物，剛好能在這個社會體系下獲得好的報酬等等，所以有錢人賺的錢，並不能算是完全由自己努力所得到的成果，因此繳比較多稅，也是一種把取之於社會的成果回饋給社會的方式。

相對的，收入少的人也不是因為自己不夠努力，而是同樣被社會結構的因素所影響。例如運氣很差、家庭背景不好，或是自己擅長的事物不符合市場需求，所以賺不到什麼錢。而且，經濟弱勢者可能原本就處在相對不好的處境，像是出生在經濟弱勢的家庭，或天生資質較差，所以在起跑點上就輸給那些收入比較高的人。

因此，為了達成真正的「機會平等」，讓大家能夠站在同一條起跑線上公平競爭，政府也應該要用各種政策手段妥善的分配資源，避免社會資源過度集中在一小群有錢人身上，擴大原本的不平等。透過不同的稅率，讓集中在有錢人身上的資源可以適當流動到經濟弱勢的人身上，就是一種達成目標很好的方式。

在訴諸「平等」價值支持富人稅的觀點中，代表人物就是當代著名的政治哲學家羅爾斯（John Rawls），他支持政府應該採取一些資源重新分配的做法，來促進實質意義上的機會平等，藉此平衡優勢者跟弱勢者的處境，讓弱勢者在這個社會合作體系中也能獲得好處[1]。

不過，更強調「自由」這個價值的人，則是站在反對富人稅的立場。

反對方：

有錢人有使用財富的自由，政府不該干涉

這一派的人認為，政府應該盡可能不干預人民的生活，因為政府存在的目的主要是保障人民的基本權利，確保人民有最大的自由，讓大家可以在生活中努力競

爭、享受報酬，除此之外，就不應該多管閒事了。換句話說，像是透過加稅來促進階級流動、讓弱勢翻身，都不是政府應該管的事。

當代政治哲學家諾齊克（Robert Nozick）就是這種觀點的代表人物之一，他也是羅爾斯在哈佛大學的同事。諾齊克的主張是，每個人天生都具備一些不能受到侵犯的基本權利，這裡面包括了對於財產的所有權和使用權。也就是說，只要一個人是透過合法、正當的方式獲得財富，政府就不能任意干涉他的財產。

在這個狀況下，政府只能為了維繫最低基本開銷來課稅，例如，透過稅收來維持法律執行、保護人民不受到暴力對待、防止人民財產被偷被搶被欺騙等等。但是，透過多課稅來幫助弱勢群體、促進階級流動，都是在政府基本開銷之外多出來的目標，所以政府是不可以用這類額外的項目來向有錢人多課稅的[2]。

只要人民沒有做出偷拐搶騙、殺人放火這種違反社會合作底線的行為，除了繳交基本的稅讓政府有資源做事之外，人民應該有權利享受自己所有的工作成果。如果政府用其他名義針對有錢人額外課稅，就是不當侵犯有錢人的財產權，額外干涉有錢人使用財產的基本自由。

說到這邊，我們大致了解正反雙方對富人稅的觀點，那接下來，就來說說我們的看法吧！

背後議題：政府應該積極介入我們的生活嗎？

除了反對和支持的觀點之外，富人稅的討論背後其實隱藏了一個「政府應該扮演積極角色，還是消極角色」的問題。

支持富人稅的觀點中，政府扮演了積極的角色，主動去幫助弱勢，採取積極行動來解決貧富差距問題，由政府帶頭讓社會變得更加平等。這種觀點背後反映的是一種「同理」的態度，想要對弱勢者付出更多關懷跟協助。相對的，反對富人稅的觀點中，政府是比較消極的角色，在維持基本的運作後，就不會干涉人民的生活。這背後展現的是一種「獨立」的精神，相信人民在這種不受干涉的情況下，自己決定、自己負責，可以過得比較好。

究竟政府做多一點比較好，還是做少一點，人民會比較幸福呢？

舉例來說，北歐國家由政府主導，提供了從出生到死亡非常完善的社會福利制度，卻也加重了每個人要繳的稅額，是政府介入比較多，但對弱勢群體保障也較多的案例；而像美國在社會福利或醫療層面，都是政府介入相對少的案例，他們更希望遵循市場機制來運作，讓每個人可以自己決定想要付出的金錢成本與獲得的服務內容，但相對的，沒有資源的人就容易陷入困境。

在台灣，每個議題都有人認為是政府要負責，不只要建立制度，還要照顧到每個人；但是也有人覺得，每件事都讓政府出頭，反而會增加國家財政的負擔，忽略真正需要投入資源的領域。政府應該做得多一點還是少一點，各有優缺點，你比較支持哪一種呢？你認為台灣目前的情況比較適合哪一種呢？也歡迎你到原影片下面留言，跟我們分享你的想法喔！

影片連結

02

蘇格蘭女性生理用品全面免費？先進國家也會出現「月經貧窮」！

二〇二〇年十一月，蘇格蘭議會以「全數同意」的壓倒性票數，宣布國家將全面免費提供女性生理期的用品，希望能藉此終結「月經貧窮」現象。這個政策引起全球熱議，不少人質疑，真的有這個必要嗎？也有人認為，這樣太浪費納稅人的錢了！

你聽過「月經貧窮」嗎？你知道全世界，無論是在先進國家或是落後國家，都有許多女性，因為生理用品的問題，面臨著嚴重的生活困境嗎？接下來，就讓我們一起來聊聊「月經貧窮」吧！

全世界有五億人正面臨「月經貧窮」困境

「月經貧窮」（Period Poverty）指的是女性在月經來潮的時候，無法負擔或難以取得生理用品的困境。除了買不起，買不到足夠的數量或合適的用品也算在內。面臨月經貧窮的女性，很可能會面臨「感染」或「月經失調」的風險，情況嚴重的話，可能會導致無法上班或上學，引發一連串的問題。換句話說，月經貧窮主要是女性因為無法取得生理用品，進而影響到生活，陷入弱勢的惡性循環。根據「國際婦產科聯盟」（FIGO）二〇一九年的報告，全球有五億的女性，身處「月經貧窮」的困境。

根據統計，只有不到四成的印度女性有使用衛生棉等生理用品，其他女性則只能用破布、樹葉甚至泥沙來止血。因為月經帶來的種種不便，印度每年有超過兩百萬的女童，在初經來潮後的一年內，就不再上學。這樣的情況在非洲國家也非常普遍，根據聯合國調查，非洲有一成的女學生因為月經而輟學。在肯亞，有高達七成六的女性，無法在月經期間取得乾淨水源，許多女性只好待在泥坑上，直到經期結束；此外，還有六成五的女性，曾經為了取得生理用品，而被迫提供性服務。

讀到這裡你可能會想，這種情況發達國家應該不會有吧？那你就錯了！

兒童慈善組織「Plan International UK」在二〇一七年對一千名十四到二十一歲女性的調查就顯示，有一成的女生，完全無法負擔生理用品的開銷[3]。美國的研究也發現，平均在五個女學生中，就有一個因為無法負擔生理用品而提早離校或不去上學[4]。日本也有類似的發現，有兩成的女性沒有能力購買衛生棉或止痛藥等生理用品[5]。新冠肺炎疫情也讓各國月經貧窮的問題更加嚴重，很多人因為失去工作而陷入經濟困境，更加無法負擔每月生理用品的開銷。

月經貧窮不只是經濟問題或生活議題，這種每個月無法被滿足的固定需求，反映了長期性的資源匱乏。長期來說，會對女性的健康、教育、工作等各層面都帶來負面影響。因此，聯合國人口基金（UNFPA）就指出，這不僅是女性議題，而是一項人權議題[6]。不過，是什麼原因讓月經貧窮這麼嚴重呢？

各種汙名化，讓月經貧窮更難解

除了經濟因素，更重要的原因，是在各國的文化中，多少都有月經汙名化的情形。正在經期的女性，常被認為是不乾淨的；月經也是談了會尷尬、不自在的禁忌話題。

以台灣為例，傳統習俗中，也有月經會冒犯神明的禁忌，因此經期中的女性不能踏進廟裡，也不能拿香拜拜[7]。在印度和尼泊爾的鄉村地區，甚至還有「月經隔離」的習俗，也就是女生在月經來的時候，必須住進簡陋的小屋裡，不能與家人或家中的物品有任何接觸，惡劣的環境讓許多女性因為失溫、窒息、被野獸攻擊等原因不幸喪生。

另外，大眾不願意公開討論月經，使用隱晦的名詞來稱呼，也是月經汙名的一環。像是澳洲近年就曾有衛生棉廣告，因為真實呈現紅色的經血而遭到大量民眾投訴[8]。大眾普遍習慣用「大姨媽」、「那個來」代稱月經，用「蘋果麵包」代稱衛生棉，也讓很多人理所當然覺得，月經是不能被提到的話題。

不過，經過多年的倡議，「月經貧窮」的議題逐漸受到關注，也有許多女性挺身而出，不再認為月經是需要遮遮掩掩的東西，還有不少國家，已經開始推行相關的政策了！

對策一：月經用品是生活必需品，不應課稅

第一種方向，就是改革俗稱的「月經稅」（Tampon tax）。

在過去，許多歐洲國家把女性生理用品視為是「奢侈品」，需要課徵高額的稅率。像是在德國，衛生棉條因為被視為奢侈品，稅率是19％，然而，魚子醬、松露等卻被視為是「日用品」，稅率只有7％。為了抗議這項不合理的規定，德國一家新創公司推出「棉條書」（The Tampon Book），把棉條放進書封裡，表面上賣書是日用品的範圍，事實上卻是賣裡面的「奢侈品」，也就是棉條[9]。

最近幾年，有愈來愈多歐洲國家，開始把月經用品列為「生活必需品」。不過，礙於歐盟的規範，還是得課徵5％的消費稅。唯獨愛爾蘭，在加入歐盟前，就已把月經用品納入免稅商品。其他月經用品完全免稅的國家，還包括肯亞、加拿大、澳洲、馬來西亞和印度。至於台灣「生理用品免營業稅」的提案，在二〇二〇年十月底也完成一讀，朝著「免月經稅」的目標邁進。

對策二：學校或指定機構主動提供免費生理用品

在各國的調查中，都會看到女學生因為缺少生理用品而失學的困境，為了避免這樣的情況發生，保護女生的受教權，像英國、印度、紐西蘭等國家，就有在學校為女學生提供免費生理用品的政策。此外，許多非洲國家也正在推動類似的計畫。

例如，在烏干達的一所中學，就曾經因為沒有自來水，而把月經來潮的女學生鎖在宿舍裡。然而，烏干達這所學校的老師認為，衛生棉就跟食物和水一樣重要，必須改變對生理用品的態度，於是從二〇一三年起，他們說服董事會，每學期撥出約一千美元的預算，來提供學生免費的環保衛生棉，從此之後，幾乎再也沒有女學生因此缺課。

除了學校之外，透過公家機關或民間非營利組織發放也是一個方向。像是蘇格蘭通過的法案，就是全世界第一個立法，要求學校和各級公家機關，必須免費提供女性生理用品，包括衛生棉、護墊、棉條、月亮杯等等。此外，民眾還可以在診所、藥局，填表領取生理用品，也照顧到了民眾直接開口詢問的尷尬。

蘇格蘭這項法案的宗旨，就是要讓每一位有需要的人，都能以「方便且有尊嚴的方式」取得生理用品。不過，如此大放送的法案，在審議期間並不是毫無爭議。該國最大黨「蘇格蘭民族黨」（SNP）就曾因為預算問題極力反對這項法案。他們認為：「應該不是全國的女性都需要補助吧？」但這個觀點，也引來在野黨和輿論的強烈抨擊。多數蘇格蘭人認為，這項法案最重要的意義，並不只是解決月經貧窮，也希望能用國家的力量來改變「月經汙名」的結構問題，促進「性別公義」。最後，民族黨也因此對法案轉為支持態度，讓法案得以壓倒性通過。

在台灣，身障與經濟弱勢也是月經貧窮的高風險者

跟其他國家相比，台灣的確很少有因為缺乏生理用品而無法去上學的案例。不過，根據調查，台灣女性每個月得花一百五十到三百元在生理用品上，跟美國和英國女性在生理用品上的開銷是差不多的。如果考慮到薪資水準的差距，台灣女性花費的比例，甚至還比較高呢！而且，如果再加上止痛藥、補鐵食品等額外花費，對學生族、中低收入戶來說，都是一筆頗有存在感的開銷。

致力於推廣月經教育的非營利組織「小紅帽」曾做過調查，當時有近一半的受訪女性表示，她們曾經為了省錢，而減少生理用品的更換次數。長期關注平權議題的立委范雲也指出，經濟弱勢的女性，因為無法負擔足夠的生理用品，成為婦科疾病的高風險族群，然後又會因為醫藥費，陷入貧困的惡性循環。

此外，女性身障族群所面臨的月經困境，也很需要被關注[10]。對部分身障族群來說，光是更換生理用品的動作就很困難，如果本身又是中低收入戶，每月生理用品的開銷，也會是不小的負擔，而身障津貼並沒有區別男女，無形中增加了女性身障群體的負擔。因此，有學者呼籲，在關注身障需求時，也不要忽略女性在月經期間，所面臨的這些困境。

讓衛生棉變得跟衛生紙一樣「日常」

幾乎每一位女性，都經歷過突然月經來潮，但身邊卻沒有生理用品的窘境，只能問同行的女性朋友，能不能借生理用品，或慌張的用衛生紙勉強充數。對於月經貧窮的女性而言，這種麻煩的狀況，可能每個月都會遇到。這種情況所造成的一連串傷害，甚至可以說是另一種嚴重的人道危機，讓女性成為更加弱勢的族群。

前陣子，中國各地的校園，也興起了一波「衛生棉互助」的運動。女學生自發性的在校園廁所裡留下衛生棉，除了幫助有需要的人，也希望能藉此打破外界加諸在月經和女性生理用品上的汙名。

因此有人就說，如果大家覺得，學校跟公共場所提供衛生紙是理所當然的，那女性的生理用品，為什麼不能比照辦理呢？因為這兩種東西，同樣都可以處理人的生理需求、增進公共衛生，一旦所有人都可以把月經跟一般大小便一樣，看成是人體的基本生理需求時，那麼這個社會加諸在女性身上的種種月經羞恥，以及背後連帶的歧視行為，或許就有機會能夠慢慢解除了吧？

像蘇格蘭推動的「免費提供生理用品」法案，就是這種精神的體現，因為這個政策，其實就是在跟社會大眾宣示：「我們國家現在已經把月經用品，看成是像廁所衛生紙一樣的日常用品了！」也許這個政策的成效還有待觀察，但他們推動法案的思考方式，是非常值得肯定的。

除了女性生理用品，我們認為保險套、嬰兒或成人紙尿布、嬰幼兒奶粉、刮鬍刀都是值得討論的品項。想想看，你認為還有哪些生活用品，跟前面提到的衛生棉一樣，是應該要免稅的呢？歡迎你到原影片下看看其他網友的想法，並一同參與討論喔！

影片連結

衛生棉免費，保險套也可以免費嗎？

我們在研究月經貧窮議題的時候，也聽到一些男性抗議：「欸！為什麼只有女性的生理用品可以免費或免稅，那男性呢？」「保險套是不是也應該免費提供？」

對此，我們其實是完全贊同的，尤其是各大專院校，非常應該要免費提供學生保險套，來倡導「安全性行為」的重要性。不過，我們也認為，保險套跟衛生棉，真的不是可以放在同一個層級討論的生活必需品啊！

第一，對每一個女生來說，每個月都一定會需要這些生理用品。但保險套嘛，也許很多人可能好幾個月、甚至好幾年，都用不到呢！（神祕微笑）

第二，保險套不能算是純粹的男性用品，因為性行為既然是兩個人之間的事，那麼男性其實也可以要求女性一起分擔保險套的開銷。當然，這個是需要雙方一同溝通的。

第三，如果因為缺乏防護而導致女方懷孕，女生會承擔較多的生理壓力，因此基於這點，我們其實也支持保險套應該免費，或至少免稅，以降低負擔。

03

七十萬移工竟有五萬失聯！台灣「逃跑移工」問題是怎麼發生的？

在台灣社會裡，有一群常被稱為「外勞」的藍領移工，他們多半帶著改善生活的希望來到台灣，在工廠、建築工地工作，或成為看護、幫傭，把辛苦賺到的錢寄回家鄉。

不過，在來到台灣後，他們之中有五萬多人卻成為新聞上常聽到的「逃跑外勞」、「失聯移工」、「非法黑工」，從滿懷希望出國工作，到必須逃跑失聯、從事非法工作，這中間到底是發生了什麼事？接下來，就讓我們一起來聊聊「逃跑移工」的問題吧！

薪資優勢，讓移工即使借錢也要離鄉背井

首先，我們得先釐清一下用詞，這篇文章談到的「外籍移工／外籍勞工[11]」，指的是所謂的「藍領」工作者，而不是工程師、經理、英文教師這類以提供腦力來獲得報酬的「白領」工作者。

目前，台灣的藍領移工，大致可以分成「產業」和「社福」兩大類。產業類移工主要從事營造業、製造業、海洋漁撈業，也就是我們常聽見在工廠產線上、建築工地裡的工作者；而社福類移工，則是擔任看護或家庭幫傭，他們常出現在台灣的醫療機構和家庭裡，也是現在長照產業中，幫忙照顧爺爺奶奶的生力軍。根據勞動部統計，截至二〇二〇年底，在台移工人數有七十萬五千人，比起二〇〇九年的三十五萬一千人[12]，在十年間足足多了一倍！

開放外籍移工的政策，最早是從一九九〇年代開始。當時，台灣出現大量基礎建設的需求，為了補充台灣勞動力缺口，政府首度引進「產業移工」。後來，又因為台灣人口結構老化，開始出現老年人口的照護需求，所以從一九九二年開始，陸續開放「社福移工」。不過，也不是開放了就會有人來，台灣到底有哪些優點能吸引人家來呢？

「來台灣工作可以賺比較多錢！」是這群移工的共同心聲。

以台灣移工最大來源國印尼為例，在印尼首都雅加達，法定最低基本工資為三百三十五萬印尼盾，大約是新台幣七千七百九十元；而全國平均工資最低的日惹省，每月平均大約只有新台幣三千四百元。相較之下，台灣給外籍移工的薪資就有相當大的吸引力。以產業移工來說，他們的最低薪資必須比照《勞基法》，每個月至少有兩萬三千八百元；而社福移工雖然不適用《勞基法》的基本工資規定，是由雇傭雙方自行約定薪水，但依法雙方約定的薪水也不能低於一萬七千元[13]。所以，如果能順利來台灣工作，賺到的錢就是留在本國的好幾倍。

不過，要來台灣工作，其實也沒有那麼簡單，一名移工來台工作之前，需要先受訓、體檢、和台灣雇主簽約，還要跑政府的申請流程。所以大部分的移工，都沒辦法靠自己完成，有七成以上移工必須要透過當地「牛頭」的穿針引線，才能順利來台灣。

所謂的「牛頭」，就是當地與移工最先接觸的掮客。他們會在村莊裡閒晃，到處找人去當移工，通常只要告訴他們「去台灣可以賺很多錢」，就很容易能說服他們來台灣工作。牛頭找到人後，會向他收取介紹費，然後以每個人頭幾百塊台幣的代價，轉介給當地的仲介，再由當地仲介跟台灣仲介接洽，找台灣雇主進行媒合。

當然，移工除了會被牛頭收取「介紹費」以外，也要付「仲介費」給仲介公司。根據台灣移工聯盟的統計，平均每個印尼移工，需要繳七到十萬元給仲介。超收最嚴重的越南，金額甚至高達十五到十八萬元台幣。對於原本月薪可能只有四、五千塊的他們來說，這些仲介費簡直是天文數字。因此，很多人為了來台灣，只能到處借錢、向銀行抵押土地，甚至跑去借高利貸，拚命湊出這筆錢。因為他們覺得，台灣的薪資條件很好，只要辛苦個兩三年，不僅能還清債務，還能存上一筆錢，回國之後就可以過著比較好的生活。

明明有薪水不錯的工作，為什麼要逃跑？

雖然懷抱希望，移工來台灣後的處境，卻可能沒有他們原先以為的那麼好。從統計數據來看，截至二〇二〇年底，台灣有超過七十萬外籍移工，卻也有超過五萬名「失聯移工」，這個數字甚至多到監察院都出面糾正內政部[14]，要求改進。為什麼原本想要踏實工作賺錢的一群人，會成為失聯的非法勞動力呢？

理由一：過得太差，在惡劣環境遭到不當對待

這些外籍移工在台灣從事的工作中，不論是在工廠、工地、漁船，或是從事看護和幫傭，都是工時較長、體力耗費較多的工作[15]，甚至，有些工作還具有一定的危險性，本來就不輕鬆。如果再受到雇主惡劣對待，往往就成了決定逃跑的最後一根稻草。

在《快跑三十六小時》這支以逃跑移工為主角的紀錄片當中，有受訪移工表示，他照顧的長者晚上都不睡覺，所以他必須起床照顧；白天他又必須做家事、煮飯等日常工作。像他這樣幾乎無法休息的情況，並非少數。根據勞動部統計，外籍家庭看護工，每日實際工時平均約為十小時二十四分鐘，有三成以上的人，甚至完全沒有放假。此外，雇主「隨意打罵」或「性騷擾」，也是移工逃跑的重要因素。有受訪的移工回憶，當初雇主喝醉就闖進他房間，問他願不願意收錢性交，讓他覺得非常害怕。

當然，這些移工也不是一開始就想逃跑，很多人都曾經嘗試求助，但是，不熟悉台灣的法律，語言又不通，很難直接找上政府主管機關尋求協助，多半還是會選擇先連絡當初負責媒合的仲介。幸運的話，會遇到友善的仲介居中協調，但如果這時候仲介還是站在雇主那邊，移工就會變得更加弱勢。

理由二：當黑工可以賺更多錢，當然要跑

除了遭受不當對待之外，另一個逃跑的原因，是因為他們可以當「黑工」，也就是非法勞工。在台灣，有某些產業，勞動力密集、工作環境又很辛苦，常常人力短缺，這時，逃跑的移工反而成為很受歡迎的勞動力，雇用這些非法移工的雇主只需要給出比台灣平均薪水低的價碼，而這些外籍黑工也可以獲得比原本合法薪資要高的報酬，在灰色地帶獲得雙贏。

舉例來說，在茶葉採收季時，為了避免影響烘焙效果，茶葉一定要在最佳時間採收，然而短期的人力缺乏，讓茶農為了搶工，可能開出一千五到兩千元的日薪給這些非法移工。除了山上和工地，有時候家庭因為等不到合法的看護來台，就會以每天一千到一千兩百元的價格聘請非法看護，解決勞動力的缺口。

除了雇主和移工，仲介也扮演重要角色，有些黑心仲介甚至會以高價誘惑合法移工逃跑，新老闆也會因為怕麻煩，還會幫忙黑工掩護不法身分，部分在台灣的新住民也有機會私下幫忙同鄉轉介工作。用移工的角度來說，雖然打黑工有被抓到和遣返的風險，但在工作待遇上，做黑工可能還比合法工作要好上許多。

那麼話說回來，移工如果對他的待遇不滿，或受不了不當對待，一定只能選擇

逃跑嗎？在台灣的制度中，有沒有合法的方案來改善自己的處境呢？

有的！像是勞動部的「一九五五外籍勞工諮詢保護專線」就是移工可以尋求幫助的申訴管道，不過實際上，有些移工看見同事撥打電話申訴後，反而被雇主遣送回國，失去了工作，也會因此害怕而不敢反映。

另外，移工其實也可以合法的申請換雇主，只是得承擔不小的風險。首先，在等待轉換工作的空窗期，他會沒有收入；其次，如果移工沒辦法在兩個月內找到新雇主，就可能會被遣返，要再申請來台工作，成本很高。然而大部分的工作機會，是掌握在仲介手上的，有些不肖業者還會趁移工申訴的空窗期，再多收取一筆幾萬塊錢的「買工費」。換句話說，想遵循合法途徑自力救濟的移工，反而要承擔額外的時間或金錢成本，會非常的兩難。

錯綜複雜的移工議題，觸動台灣社會的敏感神經

移工議題涵蓋的範圍其實很廣，光是「逃跑移工」這個問題就有很多不同的層面，影響台灣的經濟和社會。

首先，是進口移工人數管制。過去，政府擔心開放太多外籍移工，會影響台灣

人的就業機會，所以一九九七年修訂的《就業服務法》明文規定，政府必須針對藍領、白領外籍勞工，制定指標來管控引進的總人數。但可惜的是直到今天，勞動部都還沒有依法針對移工人數，制定出完整的制度和配套措施；二〇一八年監察院也針對這個問題提出糾正，要求相關部會積極看待。

第二個層面，則是私人仲介制度的問題。私人仲介雖然服膺市場機制，但是也有品質參差不齊的問題，對資訊取得不易的移工來說，很容易「踩雷」。因此，有很多台灣民間的非營利組織就主張，政府應該廢除現在的私人仲介制度，改成由政府協助聘雇移工，這樣對移工和雇主都有比較好的保障。

第三個層面，是黑工市場猖獗的狀況。這除了可能影響到本國人的就業機會以外，更有可能會引發治安問題。有些移工逃跑之後，可能會因為金錢、工作分配的糾紛，或是酗酒鬥毆而鬧上新聞，這些負面報導也讓移工在台灣社會中的處境變得更加艱難。

針對逃跑移工問題，在二〇二〇年，為了避免防疫缺口，移民署也提出「擴大自行到案」的應對方案，如果逃跑移工在期間內自行投案的話，就可以「不收容、不管制、低罰鍰」。根據移民署的統計，這個政策總共讓四千多名逃跑移工自行投案。然而。疫情期間的一次性專案，雖然短期內具有一定的成效，但可能還是治標不治本。畢竟，逃跑的根源可能是來自於仲介、雇主待遇或霸凌等複雜的結構性問題，也還需要各方一起努力了。

志祺七七觀點：互有需求，將心比心

雖然前面提到，台灣的薪資優勢吸引外籍勞工遠渡重洋，然而，不只是他們需要工作機會，台灣社會也很需要他們。由於社會邁向高齡化，讓有照顧需求的家庭愈來愈多，家庭看護的需求已經成為隱形的勞動成本。尤其二〇二〇年疫情讓移工入境時間延長，以及印尼政府開始實施零付費政策[16]，家庭看護嚴重缺工、搶工的現象，也暴露出台灣對移工勞動力的高度依賴。

這些遠道而來的移工，就跟我們出國打工的情況是很類似的，在他們之中，有的可能學歷不錯；有的為了出國工作，必須跟家人孩子分隔兩地。然而，他們也都懷抱著夢想，希望能在台灣扭轉人生，如果最後不但無法圓夢，還留下難過的回憶，真的很讓人心疼。

我們也觀察到，比起日韓或是其他西方國家，台灣對這群移工的語言、文化都相對不了解，導致整個社會對移工的態度也不太友善。這篇文章所談到的逃跑移工問題，其實只是他們工作上面對的部分遭遇。其他像是台北車站大廳的禁坐令、移工在台灣社會中遇到的宗教文化衝突等問題，都很值得你我關注！也歡迎你到原影片下方，看更多網友對議題的延伸討論，並跟我們分享你對移工議題的看法喔！

影片連結

04

原住民為什麼可以加分？這種不公平的制度怎麼還不改？

原住民加分，可說是一個讓國高中生聞之色變的話題，之前在「靠北工程師」粉絲頁一篇消遣原住民加分的貼文，就有將近三千則留言表達對這個制度的不滿。真的因為加分制度考上好學校的人，也常被人嘲諷是靠加分不靠實力，還有各式各樣關於35％的笑話。

為什麼要有這種看起來很不公平的制度呢？原住民能夠獲得加分的理由是什麼？接下來就讓我們一起來了解吧！

原住民的加分，是怎麼加的？

先來看看實際的加分政策是怎麼樣的。原住民考大學的政策主要有兩個，分別是「加分」和「保障名額」。加分是指大學指考的時候，有原住民身分就可以加10%，但是，如果有原住民文化跟語言能力的考試證明，就可以加35%。指考以外，則是各校看狀況優待處理。而保障名額，則是各校要提供額外2%的名額給原住民。例如，系上總共招收一般生六十人，2%則是無條件進位為兩人，因此這一屆總共會招收六十二人，在原本的名額之外多了兩個專屬原住民的名額。

不過，並不是原住民有很多加分，就會大幅超過沒被加分的一般生。這是因為，原住民跟一般生名額是分開的，所以原住民其實是加分後，去跟其他原住民比，然後再爭取原住民的保障名額。所以他們的錄取分數，也跟我們平時看到的分數不同。換句話說，原住民加分的概念，比較像是在現行制度之外的另一套玩法，跟原本的玩法沒什麼關係。

但既然跟一般生沒有關係，為什麼有這麼多人對這個制度不滿呢？

加分制度不公平又不合理，還會加深歧視

總結網路上的一些看法，大致上有「不公平」跟「不合理」這兩類。認為不公平的人覺得，某些原住民同學，跟大家住在類似的地方，老師跟教學資源也都一樣，考試的時候卻還可以享有優待，很不符合制度公平的原則。

另外，有些原住民連自己的族名都不會念，卻還可以得到加分，或是明明就是考量家境不好、資源不足，卻不像對待低收入戶家庭那樣用補助的方式，而是另闢原住民加分政策，也讓人覺得非常不合理。更有人進一步認為，這樣不公平又不合理的政策，不只沒辦法達到原本的效果，還會加深對原住民群體的歧視，造成更不好的結果。

「消滅」和「保存」原住民文化都是加分的理由

回溯原住民加分政策的演變過程，我們發現了一個很有趣的狀況，原來「消滅原住民文化」和「保存原住民文化」這兩個完全不同的方向，都曾是為原住民群體加分的理由。

在國民黨遷台初期，政府就制定了原住民加分政策，因為他們認為原住民跟一般人「不一樣」。這個不一樣是指講的語言、住的地方，還有生活的文化統統不一樣，而且這種不一樣，還會讓政府在統治的時候很困擾，所以，當時的政府就想透過加分政策，鼓勵原住民融入到漢人的教育體系中。也就是說，原住民加分政策一開始的初衷，是想要讓「山地平地化」，是為了要「同化」原住民、消滅他們的文化才有的。在當時的環境中，這個政策有非常好的成效，但以現在的眼光來看，原住民文化也在那段時間快速的消失了。

然而，隨著台灣社會開始多元化，政府跟社會反而開始注重原住民文化的特殊性，想要「復興」原住民文化，就改良了原本的加分體制，要求掌握原住民文化才能夠獲得加分，藉此鼓勵新一代原住民更加認識自己的文化。

很多人會從「幫助弱勢」的角度來看原住民加分政策，其實，從政府歷年的政策規劃來看，政府比較是從「原住民文化的特殊性」這點來考慮，只是前期這個政策是想要「消滅特殊文化」，後來則變成想要「保存特殊文化」。

為什麼需要由國家制度介入，來保護原住民文化呢？我們從資料裡發現，這跟台灣的歷史有很大的關係。讓我們來聽個歷史小故事吧！

從台灣歷史了解原住民族面對的困境

在過去，漢人從清領時期開始大量移居到台灣，清朝政府也為了避免衝突而劃定「番界」來區隔「漢人」與「番人」。但是，仍有許多漢人違規侵入開墾，甚至造成衝突。而當時清朝政府對發放開墾許可的「墾照」其實比較隨便，因此就有漢人騙政府，取得了埔里附近山區的墾照。

到了要開墾時，當地原住民部落堅決反對。漢人只好派人去和談，說只要原住民願意給他們鹿茸，他們就會撤退。雙方達成協議後，原住民部落立刻集合壯丁去山中打獵。殊不知，漢人就是要趁這個大好機會，闖進部落燒房子、殺老弱婦孺，甚至還把部落裡的墓都挖開，拿走裡面兩百多把刀槍，最後，占據原住民的土地。

原住民打獵回來發現這個狀況都很憤怒，但是，怎麼樣也打不過手裡有大量武器的漢人，只好帶著殘存族人搬到其他地方生活。一年後，當時最大的武官，台灣總兵巡視山區時才知道這次事件的詳細狀況。最後，政府決定將那些漢人全部驅離，並禁止漢人再度進入，但事發的「埔里社」，也就從此衰敗。

這就是「郭百年事件」的故事。

這個事件之所以能被我們知道，是因為很難得的被官府發現而且處理，才有歷史紀錄留下來。儘管埔里社發生過這樣的事，「埔里」到現在都還是少數留有平埔族原住民的地方。至於那些原住民更弱小、漢人更強大的地方，應該也有發生過很多類似的事情，只是沒有被記錄下來。

對原住民土地的侵害不只發生在清代，日治時期的台灣也進行「理番計畫」，由官方武力大規模侵入原住民領域，將許多土地收歸國有，還用「皇民化政策」改變他們的文化認同。接著國民黨的「山地平地化」政策，也是一樣的道理，這些政策最終都讓原住民的土地大幅流失。

所以，既然過去台灣土地上的政府一直侵犯原住民的生活空間和文化，就有人認為現在的政府有義務要在某種程度上「補償」原住民，這也被認為是歷史正義中的一個議題。

為了歷史正義，政府就應該要補償原住民族嗎？

在現代的社會中，「重視自己的文化」是一項很重要的價值。所以，有愈來愈多的部落，開始努力恢復自己部落的祭典，傳承即將消逝的文化，並努力找回身為原住民的驕傲與認同。不過，這部分並沒有想像中那麼簡單。部落的社會與文化，常常與社會現況及法規有所衝突。

比如說，原住民的祭典，在他們的文化中，就和漢人的過年一樣重要，祭典至少需要三、四天。但就目前的法規中，只有一天的歲時祭儀假，如果要全程參加，就得面臨扣薪或丟工作的風險。其他還有狩獵文化與槍枝管制政策的衝突、傳統領域與既有土地所有權人的衝突等等，這些都是複雜難解的問題。

回到我們這一篇的主題，教育，也是其中一個很大的衝突點。我們現行的教育體制、教材內容、評量標準，都跟原住民族的傳統知識體系不同，世界觀、技能樹也都不相同。也就是說，原住民被迫要遠離他們的文化，去學習用其他視角來看待世界，並跟其他人在這一套標準下競爭。

剛剛這一系列的討論，就是有些人認為原住民應該要被優待的原因了。因為社會一邊希望他們保留獨特文化價值觀，一邊要求他們在一般的價值觀下競爭。所以就透過加分幅度的差異，吸引原住民用羅馬拼音學習族語，讓原住民語有被書面記錄的可能；也藉由這個誘因，讓都市的原住民可以回部落學習族語。順帶一提，除了加分之外，政府也有額外的「升學優待措施」，去培養法律、醫療、政治、經濟等各方面的原住民人才。

經過這樣一段複雜的討論之後，大家比較明白為什麼會有這個制度了。可以說，這個政策是考量到在歷史發展過程中，原住民被公權力掠奪了一些東西，所以到現在補償。但現在的政府還不了土地、還不了文化，也改變不了社會規則，所以只好透過升學時多給一點分數，希望年輕一代人可以把文化保存下來，未來也能過得好一點。

嗯？聽起來是不是有點奇怪呢？

志祺七七觀點：百年前的房子換百年後的米，公平嗎？

我們可以透過制度上的優惠來表達我們對於特定事情的重視，然而，一個制度要怎樣「被理解」，也是很重要的。對這個議題來說，或許不只是一般生，可能連原住民學生自己，都不一定能理解為什麼自己個人的「加分」跟「復興原住民文化」之間有這麼大的關聯，因此，在推廣政策上就會遇到很多挫折和爭議。

觀察這個制度推動後的實際情況，的確會讓原住民學生考上比自己原始分數更好的學校，有許多原住民透過這種方式學習專業，然後回到部落服務；有些原住民在生活條件改善後，開始關注自己的文化。但另一方面，也有因為跟不上同學的腳步，遭遇挫折，被同學跟社會嘲笑的故事。甚至還有些原住民學生根本就不使用加分來考試，而且也會特別跟其他人強調「我不是用加分的」，避免被其他人嘲笑。

我們更好奇的是，這種「目標」跟「策略」沒有緊密對應的政策，到底對原住民文化有沒有幫助呢？從現行的政策來看，我們依靠一個在「主流文化」中有價值的升學機會，去給原住民族群一個學習「原住民文化」的動機。所以，這麼做的同時，或許也代表那些「了解主流文化」的原住民，在原住民群體中擁有了更大的競爭優勢。這樣會不會反而造成原住民文化加速流失呢？

老實說，這個加分制度是否公平合理，是非常難討論的，因為在歷史發展的過程中，其他族群從原住民身上拿走的，跟現在政府嘗試要補償的，幾乎是完全不相干，且價值不對稱的東西。而且，時間隔了非常久。這就有點像是一百年前搶了你的房子，一百年後每個月送你一袋米。誰又能說這是公平合理的呢？該不該送「米」，到現在還沒有個明確的論述，但這些影響生命的「米」，還是持續被送出去，或許這就是這個政策爭議不斷的關鍵了吧！

了解原住民加分政策實施的背景後，你支持這項制度嗎？如果不支持，你認為更好的處理方式是什麼呢？另外，其他特殊身分，像僑外生、離島生、駐外人員子女等，在升學時都有不等的加分優惠，你支持這些政策嗎？除了升學加分，你認為還可以用什麼方式來保障不同身分者的教育權利呢？歡迎你到原影片下跟我們分享看法，參與網友的討論喔！

影片連結

05 有精神或社交障礙的重刑犯，就能減輕刑責嗎？什麼時候該執行死刑？

如果一個殺人犯殺人以後，檢察官跟他說：「你至少會被判無期徒刑。」他竟然嗆檢察官：「應該是要從死刑開始起跳才對，怎麼會是無期徒刑起跳呢？」對這樣一心求死的犯人，我們應該依照他的意願判他死刑嗎？

接下來，就讓我們來聊聊，曾說出這個想法的翁仁賢與死刑的故事。

在台灣，歷任總統任內執行死刑的案子都會引起討論，二〇二〇年四月一日晚上，法務部執行了蔡英文總統任內第二次的死刑，受刑人叫做翁仁賢，曾被媒體稱為「人魔」，審理他案子的法官也說過，當法官四十二年來，從來沒有看過這麼惡劣的人。翁仁賢的律師說，他有部分的「自閉症類群障礙症」，也有著「自戀型人格」的臨床表現，因此會做出這些人格異常的事情，不完全是他自己的責任，希望法官能審酌量刑。但翁仁賢自己卻沒有想要請求法官輕判的意思，他不僅毫無悔意，更是在審判的過程中不斷用言語挑釁法官，還對法官比中指。

這次，我們想從翁仁賢的故事以及法院判決的內容，來討論一些跟死刑相關的延伸議題，包括「有精神相關疾病的人，是否可以減輕刑責」以及「怎麼決定要不要執行死刑」。

翁仁賢是怎麼走到這一步的？

先來快速了解翁仁賢的故事吧！二〇一六年除夕，五十一歲的翁仁賢跟親友一起吃年夜飯時，往家裡潑灑汽油後放火，讓當時在場的父母、姪子、姪媳，和外籍看護等六人當場死亡，還造成另外四名親人灼傷。三年後，二〇一九年七月十日，翁仁賢被最高法院判決死刑定讞。

根據判決書記載，翁仁賢當初並不是臨時起意，而是早已預謀犯案。翁仁賢在偵查時提到，自己在四、五年前的除夕就開始計劃了，他認為如果要殺死全家人，最快的方式是縱火，因此，他選在動手的前一天跑去買汽油，並且在除夕當晚，一家人都聚集在餐廳吃年夜飯時，把油潑向餐廳，用打火機點燃報紙丟進汽油中，瞬間閃燃引爆。在引發大火後，翁仁賢還拿著自己預先準備好的開山刀，試圖殺死從屋外要進來救火的姪子，還好姪子迅速逃離現場。隨後，翁仁賢騎著機車逃逸，五天之後才在北橫公路被警察逮捕。他在放火之前，還用紅色噴漆在房間內噴下「坑人很爽，等我回來」，他說，意思是「等我從地獄回來，只要有靈魂，這件事還沒結束」。他也曾在一次開庭時，對還活著的四哥說出，如果人可以輪迴幾十次，我就追殺你們幾十次。

這樣深的恨意，到底是怎麼產生的？

判決書的記載是，翁仁賢覺得自己長期以來受到家人的「虐待」，讓他覺得好累、撐不下去，而且，身上的錢花得差不多了，如果不出去找工作，就是要來「結束這一切」。

關於虐待，他在審判過程中提到了幾個他認為的虐待案例，像是他種了一株很漂亮的孤挺花，結果爸爸卻跟鄰居說，這花踩了也沒關係；或者是，當他想要養紅貴賓狗賺錢，哥哥卻拿他幫貴賓狗洗藥浴的罐子裝農藥，害他的狗死掉；又或者是，有一次哥哥推著父親的輪椅從他面前經過，結果就從他腳上輾過去，但哥哥否認有壓到他，他罵哥哥，結果反而被父親罵說，怎麼可以那麼大聲對哥哥說話。

在常人的眼中，這些事情，或許比較像是家庭間相處的衝突與摩擦，是許多人日常生活中可能多少都會有的一些不愉快，但可能還不到虐待的程度。確實，在法院的判決書中也表示，這些事情並不構成客觀上所謂的虐待與折磨。

不過，這些常人也許可以一笑置之的衝突，在翁仁賢身上，也許真的是難以承受的痛苦。判決書裡面也引用了專家對於翁仁賢精神狀況的鑑定報告，報告內容提到，他有部分「自戀型人格特質」，也有部分「自閉症類群障礙症」的臨床表現。例如，幾乎無法體諒他人的難處，只能關注自己的想法，但對於挫折和不愉快的感受又特別強烈、執著。這些思考方式都讓他難以和家人溝通，常常有衝突和誤會，逐漸累積成仇恨。

另外，翁仁賢也長期處在十分封閉的環境，沒有朋友也沒有伴侶，缺乏外部社會支持，所以無法好好處理這些負面情緒和想法。儘管心中認為自己是全家最聰明的人，但現實中社經地位卻完全比不上其他兄弟，導致他的情緒矛盾和不滿愈來愈大，就算家人曾多次幫他找工作，但翁仁賢還是總覺得自己受到虐待。

長時間累積的不滿和仇恨，最終導致了這場悲劇。

討論一：

受刑人一心求死，對判決有影響嗎？

跟許多重大刑案類似的是，他的辯護律師主張，當事人之所以會犯下這樣的罪行，跟他本身的精神障礙或心智缺陷有關，所以刑責應該要被降低。

不過這個案子跟其他重大案件不一樣的是，無論是在地方法院、高等法院、或者是最後的最高法院，都將判處翁仁賢死刑。一般來說，除非真的是屬於「最嚴重的罪行」，不然最近幾年，法院其實滿少判死刑的。這是因為，司法體系偶爾會誤判，再加上死刑是「直接剝奪生命」的做法，讓受刑人永遠失去改過的機會，所以除非罪證確鑿，而且真的有非常強烈的理由，足以認定完全沒有任何矯正教育能協助罪犯改過向善，否則通常不太會判到死刑。而且，從時間上來看，比起其他重大刑案往往要花好幾年的審理時間，這個案子從開始到定讞，整個過程其實滿快的。

為什麼法官的決定會這麼快速且一致呢？

有沒有再犯的可能、能不能回歸社會是考量之一，在翁仁賢的案子裡，法官就用了很長的篇幅在說明，他的罪行重大、毫無悔意，甚至很可能繼續殺害還活著的家人，所以，法官研判他已經沒有回歸正常社會的可能。

翁仁賢的「精神狀況」，也是另一個可能影響判決結果的因素。刑法規定，如果犯罪的人在實施犯罪行為時，因為精神障礙或者其他的心智缺陷，導致他根本不知道自己的行為違法時，可以減輕刑度，甚至不罰。在這部分，法官認為，鑑定報告說翁仁賢只有「部分」自閉症類群的特質，但尚未達到標準的程度。

而且，真正影響刑度認定的因素是，翁仁賢在犯罪時是否神智清楚、是否明確意識到他正在進行犯罪的行為。從翁仁賢能帶著預先準備好的食物逃亡到山區，事後也可以清楚交代犯罪的細節，都足以證明他的犯罪意識明確，所以不符合刑法裡減輕刑責的標準。

關於刑責的部分，還有一點值得討論的是，在審判過程中，翁仁賢多次強烈表達自己應該被判死刑，甚至還說，如果要判無期徒刑關二十五年，還寧願選擇判死刑。對不少人來說，這個想法似乎有點難理解。「就算要關很久，活著應該還是比較好吧？」而且弔詭的是，如果真的判死，那好像反而還幫這種罪大惡極的犯人「圓夢」？

這些問題再推深一點，可能就會涉及到死刑存廢的議題。例如，有人會想，如果沒有死刑的制度，某些想報復社會，甚至一心求死的人，是不是就沒有那麼強烈的犯罪動機了呢？不過，以翁仁賢案來說，他其實有預謀逃逸，拘捕過程中還曾和警方發生扭打，所以他比較像是被抓了之後才不想活的。但也有人認為，死刑還是幫他更快解脫，對這樣的人而言，只有無期徒刑的話或許比較有嚇阻的效果。

討論二：

什麼時候執行死刑？誰應該先被執行？

除了判決本身的爭議，翁仁賢案也引起了關於死刑執行時機的討論：「為什麼選在這一天執行死刑？」「為什麼是選擇他，而不是另外三十九名，已經死刑定讞的罪犯？」

目前台灣對執行死刑的相關規定，確實還是不太完善，在過去，當一個人被判決死刑後，到底「什麼時候會真的執行死刑」，又或者是「哪些人會優先被執行死刑」，一直都像是黑盒子一樣，並沒有清楚的規範。因為每次的決策都不夠透明，所以不管是馬英九政府時期，還是蔡英文政府，每次只要有死刑的執行，就會引發一些陰謀論，質疑執政黨要「轉移媒體焦點」或為了「拉高民調支持」等等。

二〇一九年十月底，當時的行政院長蘇貞昌曾表態，有些罪惡是天理不容，像殺害自己親人的、在母親面前殺小孩的，而且已經定讞的死刑就該執行。當時很多人就認為，蘇院長說的「應該執行」，指的就是前一年七月定讞的翁仁賢案。所以有些人就推測，這一次之所以會選擇翁仁賢，可能是因為院長有點名過的關係。對此，長期推動廢除死刑的「廢死聯盟」認為「政府在防疫有成、民意支持度高漲的時刻，執行了死刑」，並諷刺說：「挑選一個大家恨之入骨的惡人執行，這是大有為政府的依法行政。」

其實，在民間團體長期推動下，二〇一九年底立法院就已經通過修法，要把「執行死刑」的黑盒子打開，讓相關規定變得更透明。但在細節還沒訂出來時，就決定槍決翁仁賢，廢死聯盟認為，這是主導死刑執行的法務部帶頭違法。針對這樣的質疑，法務部長蔡清祥表示，執行翁仁賢的死刑案是依法行政。當然，每次執行死刑時的法務部長都是這麼說，但是什麼時候執行、選誰先執行，還是需要制定出更明確且服眾的準則。

志祺七七觀點：廢死？不廢死？目前難有共識

翁仁賢案的一切都是讓人非常難過的悲劇，除了這裡談到的這些，整個案子能延伸討論的，還包含司法、獄政體系，以及誰說誰被罵爆的「廢死議題」。在立場這麼壁壘分明的情況下，要取得一個平衡的結論是很困難的，真的需要更長時間的累積與對話。

在《我們與惡的距離》這部電視劇推出後，能看到有愈來愈多人在討論重大刑案的時候，把焦點放在犯罪的背後動機、社會環境，及事發後「加害者家庭」和「受害者家庭」的掙扎，甚至是促成雙方對話的「修復式司法」等議題，真的是很不容易的改變。畢竟，包含死刑的意義、優缺點、支持與反對的人各自在意什麼，都是需要更多傾聽、理解，甚至更多研究的議題。

死刑在最開始設計時，是希望能透過沒有迴轉餘地的刑罰，達成嚇阻犯罪的效果。此外，也因為死刑的特性，從判決到執行，在現代獲得很多的關注，有人支持嚴刑重罰的嚇阻效果，也有人認為應該有更好的方式來矯正犯罪行為。看完翁仁賢的故事，你覺得像翁仁賢這樣的案例，應該被判處死刑嗎？歡迎到原影片下方跟我們分享看法，也可以參與網友的討論喔！

影片連結

06

竟然袖手旁觀！無國界醫生可以選擇「人道救援」的對象嗎？

發生社會運動時，醫護人員往往是第一線最重要的支持，也是受到一定程度保護的特殊群體。不過，二〇一九年香港「反送中」運動中，就發生了警察拘捕前線醫護，讓受傷示威者無法被救治的情況。而且，備受民眾期待的非政府組織「香港無國界醫生」竟然拒絕介入這項「人道救援」任務，不願救援示威者，讓很多人失望抨擊：「怎麼可以袖手旁觀？」

究竟為什麼無國界醫生會拒絕這項任務？人道救援又是什麼？香港警察拘捕醫護是不是真的違反「國際人道法」？接下來，就一起來聊聊人道救援吧！

來自戰爭的反省：

幫助他人脫離人道危機的救援

人道救援，通常指的是那些「為了幫助他人脫離人道危機」所提供的援助，目的是幫助他們維護生而為人的尊嚴。至於「人道危機」，則是指人身安全受到威脅，或是生存遭遇困境。例如，在發生戰爭的地區，有人沒地方住、受重傷；又或是在發生天災的地區，民眾可能會缺乏乾淨的食物或水源，甚至出現傳染病等等，這種時候，人道救援組織就會出面提供協助。他們的任務都是短期的，只要有政府或其他機構能接手，就會把任務交接出去。

一般來說，人道救援組織在執行任務，以及日常組織運作的時候，要遵守四個大原則，分別是人道、公正、中立、獨立[17]：

- **人道原則**：在任何情況下，被援助的人，都應該要受到人道的對待；
- **公正原則**：永遠要把被援助者的需求放在第一位，不可以因為國籍、種族、性別、宗教、政治立場或是階級，而給予差別待遇或歧視；
- **中立原則**：人道救援組織不應該參與衝突雙方的行動，行動和發言也不偏祖任何一方；

獨立原則：人道救援組織必須要有獨立性，不應該受到政治或經濟影響他們的行為，並且要讓資金來源公開透明。

雖然有這四項原則性的描述，但在真實情境中，其實還是有一些模糊空間。特別是在戰爭發生時，人道救援組織該怎麼執行任務？交戰雙方該怎麼辨識、對待人道救援組織？四大原則都沒有說明這些，所以就會需要有一套法律，來規範救援組織和交戰各國的行為，因此，就有了《國際人道法》的規範。

《國際人道法》算是國際法其中的一個分支，被歸在「戰爭法」的類別中，起源於二次世界大戰期間，當時世界各地的戰場都有大量的人道災難，造成無數死傷。所以各國一起訂出了標準，目的就是為了規範戰爭或武裝衝突中的行為，訂出什麼事情不能做、哪種武器不能用等等。如果做出這些被明文禁止的行為，就會犯下「戰爭罪」，像是妨礙人道救援行為，就是被禁止的項目之一。

二次大戰後，世界各國為了減少人類的苦難，還共同簽署《日內瓦公約》，來保護戰場上沒有參戰或退出戰鬥的人。《日內瓦公約》主要是建立一套規範，告訴各國應該要如何對待戰爭受難者、戰俘和交戰時期的其他平民，讓人道救援組織能順利執行他們的任務。幾十年下來，人道援助成為一種普世價值，所以國際上面對衝突，甚至是各國的內戰，普遍都會遵守《日內瓦公約》。像是，不可以妨礙人道救援行為、不可以將醫療設施視為攻擊目標、傷患在任何情況下都要獲得尊重和保護。公約中也要求，為了要讓衝突各方知道誰是人道救援的醫療團隊，因此必須要在服裝和醫療器材上，有清楚明確的特殊標誌供人辨認，像是白底紅十字、紅新月，或者紅水晶，都是有名的標示。

參與人道救援的官方與非官方團體

我們最常聽到的人道救援組織，大多都是「國際性的非政府組織」，例如國際紅十字總會、無國界醫生、世界展望會，而這些組織也常常會在各國或各地區設立分會，例如中華民國紅十字會、台灣世界展望會，以及香港事件中的香港無國界醫生等。

在官方單位的部分，在聯合國轄下也有人道救援組織，例如聯合國開發計劃署（UNDP）、聯合國難民署（UNHCR）、聯合國兒童基金會（UNICEF）和世界糧食計劃署（WFP），至於隸屬於各國政府的消防搜救隊或軍隊，也可能會出動協助人道救援。此外，聯合國也設有「人道事務協調辦公室」（OCHA），負責協調和調度各國的團隊和資源，以避免資源浪費。

一般來說，當有需要人道救援時，最早出動的，常常是事發當地的組織，接著才是來自國際社會的援助。例如我們之前發生大地震的時候，出動救災的除了台灣的救援組織，也還有不少國際的救援單位；又或者是敘利亞內戰時，除了敘利亞紅新月會之外，也有聯合國的救援單位進駐提供人道救援。

非政府的人道救援組織面臨最大的問題是資金，他們的資金主要來自各界的捐款，並不算太穩定。所以他們常常會因為資源有限，只好被迫做出取捨，沒辦法支援所有的人道危機。而官方單位資助的人道救援組織，儘管資金、人力比較充裕，但相對也比較難維護「公正」和「獨立」的原則，容易被出資的單位影響，常常是根據資助者的需要，才提供人道主義的援助。舉例來說，美國國會的研究報告就曾經指出，在二〇一五年尼泊爾震災時，中國派來的解放軍，把負責救災的區域視作「主權領土」，不讓其他國家的軍隊，進入某個需要更多人力的區域協助救災。

介紹完人道救援後，讓我們回過頭來看看香港的狀況吧！

香港的情況，適用於國際人權規定嗎？

先來看警察拘捕醫療人員的問題。當時，醫療人員要進入衝突中的香港理工大學，卻被港警拘捕，這樣妨礙救援的行為，到底算不算是違反國際人道法？

首先，違法《國際人道法》的前提，是狀態要符合「戰爭」或「內戰」的定義，但是根據《國際人道法》的標準，香港的情況並不算是戰爭或內戰。因為在《國際人道法》裡面，戰爭指的是「國與國之間」的武裝衝突，而內戰的話，則是要同時符合三個條件，包括：

+ **反抗勢力要有組織、領導人、軍力，以及明確的活動範圍；**
+ **政府被迫出動正規軍隊；**
+ **政府承認正在跟反抗人士交戰，或是由聯合國認為衝突已經違反和平。**

以香港的衝突來看，因為示威活動沒有明確的組織或領導人，加上香港特區政府或中國官方對衝突的定調是「暴動」，也尚未出動正規軍隊，聯合國也沒出來說話，所以還是不符合內戰的定義。也就是說，雖然香港有嚴重的衝突，但其實香港警方拘捕示威現場醫療人員，並不適用《國際人道法》，所以也沒有違法的問題。

再來是香港無國界醫生決定拒絕救援的事件，事件後續的發展證實，香港無國界醫生組織當時經過協調還是有派遣醫療隊[18]，但是，最開始的決定已經讓許多人失望了。這也讓我們思考，如果回到事情開始的時候，有哪些因素可能造成組織內部做出不要支援的決定呢？我們認為，除了政治因素干擾，這也可能跟香港當地的醫療資源還算充裕有關，比起香港，有些資源缺乏的地區或許更迫切需要幫助，而非政府組織的資源有限，所以必須做出取捨。

志祺七七觀點：不行動，那就發聲吧！

然而我們也認為，就算最後香港無國界醫生組織仍然認為不需要出動救援，還是可以站出來，運用他們的影響力，表達對局勢惡化的關切。設想一個比較極端的例子，如果政府刻意把所有的抗爭行為，都定調成暴動，然後只派警察來處理，那在《國際人道法》的標準下，有很多無辜民眾在暴力鎮壓當中受害，這算不算是一種「人道危機」呢？有一首反省猶太屠殺的懺悔詩[19]，是這麼說的：

起初，納粹抓共產黨人的時候，我沉默，因為我不是共產黨人；
當他們抓社會民主主義者的時候，我沉默，因為我不是社會民主主義者；
當他們抓工會成員的時候，我沉默，因為我不是工會成員；
當他們抓猶太人的時候，我沉默，因為我不是猶太人；
最後當他們來抓我時，再也沒有人為我起身說話了。

一九九九年，無國界醫生獲得諾貝爾和平獎。主席在代表組織上台領獎的時候也提到：「我們無法確定，喊話發聲是否總能救人性命，但我們知道，保持沉默絕對可以殺人。」

面對可能惡化的情勢，不論是採取行動奔赴現場，或是協助擴散關鍵訊息，我們認為，在有資源的時候發揮自己的影響力，站出來號召更多人關注、監督整起事件，也是讓事情可以不再惡化下去的關鍵之一。如果是你，面對類似香港無國界醫生的處境，你認為怎麼樣會是比較好的做法呢？歡迎到原影片下方留言，參與網友的討論，也跟我們分享你的看法喔！

影片連結

結語

用充滿希望的心，面對充滿挑戰的未來

嗨！你最近好嗎？

從頻道上架到書籍出版的這一刻，整個世界在短短幾年間有了非常大的變化。在台灣，我們經過了多場激昂的選舉和公投，數百萬人對影響未來的議題做出了選擇；在鄰近的香港、緬甸，我們看到局勢一夕驟變，在人民的抵抗之後，是更高壓的統治；在中東，新興的戰火吞沒了人們的家園；還有很多國家，興起了各式各樣對現實不滿的社會運動。

此外，我們也一起經歷了刻骨銘心的抗疫大作戰。因為疫情，世界的腳步突然慢了下來，我們有很長時間必須待在家裡，也開始熟悉遠距工作的方法，找出自己與這個「新常態」的相處方式。

在社群網路上，資訊分眾、零碎化的趨勢愈來愈明顯，每個人的「同溫層」都變得更厚了！然而，愈來愈溫暖的同溫層也意味著，我們從個人資訊管道拼湊出的「真相」，可能都有所偏頗，也更不容易看到不同意見的觀點。有時，甚至也會感覺到社會更加撕裂，對不同意見的容忍度也更低了，我們正在面對與過去完全不同的傳播挑戰。

做為自媒體傳播者，我們一直都知道，要批評一件事或一個說法，真的非常容易。因為，任何人都不可能在複雜的議題討論中，做到方方面面滴水不漏。因此，簡單武斷的幫事件貼上固定標籤，鼓動支持者的情緒來獲得支持，恐怕是溝通議題時最容易的事了。

然而，在面對能決定我們共同未來的社會議題時，最難的，其實是釐清各種脈絡後，真正認清現實的挑戰，權衡各方利弊後做出選擇，努力落實這項選擇，也承擔選擇之後的代價。

這之中，不只是沒有絕對的對錯，更沒有輸贏。某個觀點輾壓多少人、吵贏了誰，並不會讓事情真的產生改變。真正重要的是，在溝通不同觀點和選擇的過程中，我們彼此增加了多少的了解，又為我們共同的未來，達成多少堅實的共識。

因此，我們希望在每個議題裡，都能提供更多元的理解角度，在關注身邊的事物時，不只是下意識看到「○○○很廢」、「×××超爛」、「某某某好可憐」等標籤化的印象，也會探究每個觀點背後的故事，以及每個選擇之後的代價，充分了解後再做出自己的判斷。

透過這些多元觀點的分享，我們希望能帶動更多人與我們一起，深入了解議題，進而參與到改變中。我們很開心，在經營頻道的路上，有愈來愈多人與我們同行。因此，我們想邀請正在看這本書的你，加入我們的行列，讓關心身邊事物的行為成為一種生活習慣，保持柔軟的心去了解和傾聽不同的觀點。

即使討論的過程往往吵吵鬧鬧，但對於充滿未知挑戰的未來，我們仍覺得充滿希望，因此我們也會繼續耕耘，嘗試用更有趣的方式來溝通議題。那我們就，下次再見啦！

掰比！

注釋

第一部分

問題一

1 參考資料：《邏輯思考的本質》，津田久資著，陳亦苓譯，悅知文化，2017。

2 參考資料：《系統思考》，Donella H Meadows 著，邱昭良譯，經濟新潮社，2016；《解決問題的三大思考法》，吉澤準特著，張禕諾譯，日出出版，2020。

問題二

1 參考資料：《精準提問的力量》，Frank Sesno 著，林力敏譯，三采文化，2018；《你問對問題了嗎？》，Thomas Wedell-Wedellsborg 著，林俊宏譯，天下文化，2021。

問題五

1 Goldhaber, M. H. 1997. "The Attention Economy and the Net." In https://hacker1976.rssing.com/chan-69386952/all_p379.html. Latest update 22 November 2020.

2 《好好說話》，馬東等著，2016。

第二部分

個人篇

1 這部漫畫原本是作者為了向外國朋友介紹芬蘭人是什麼樣的民族，卻意外在網路上爆紅，還產生了一個新名詞叫「精芬」，也就是「精神上的芬蘭人」，專門用來描述像馬蒂這種極度避免社交的狀態。

2 在TED上面，有一位叫做Guy Winch的心理師，分享了他的情緒處理指南，「當自己的朋友」就是方法之一。我們覺得看他的演講很療癒，有種被理解的感覺，推薦需要被安慰的人都去看看！

3 J Roché. 2014. "Conquering impostor syndrome: Lessons from female and minority business leaders."

1 台北市從民族國小、湖田國小、至善國中、民族國中四所學校開辦試點計畫，至一〇九學年度，共有三十九所公私立學校（14.23%）加入延後到校時間的做法。網址：https://flipedu.parenting.com.tw/article/6351。

2 公共政策網路參與平台上「國高中上課時間改為上午九點半到下午五點」的提案，由網友Angus發起，希望改善「普遍學生睡眠不足，上課時常會有打瞌睡的情況」問題，「讓學生讀書效率加倍，上課不再容易打瞌睡，精神比較好，讀書效率也比較高」。二〇二〇年十二月二十三日經10,296位網友附議通過，教育部回應並決定招開公聽會（因疫情順延到二〇二一年八月舉行）。提案網址：https://join.gov.tw/idea/detail/ac95b365-1bd5-4a8b-81b1-7ef613efdda6。

3 Wahlstrom, K. L. (2016). Later start time for teens improves grades, mood, and safety. Phi Delta Kappan, 98(4), 8-14; Mark Fischetti "Sleepy Teens: High School Should Start Later in the Morning." https://blogs.scientificamerican.com/observations/sleepy-teens-high-school-should-start-later-in-the-morning/.

4 資料來源：陳盈螢，2021/02/25，〈從中學早自習、第八節刪不掉，看見一〇八課綱施行癥結〉，親子天下，網址：https://flipedu.parenting.com.tw/article/6410。

1 羅爾斯其實是個自由主義者，相當重視「自由」這個價值，他的巨著《正義論》也為自由主義奠定了很重要的基礎。不過他同時認為「平等」很重要，因此在他的理論當中，也能明顯看見對於「平等」的重視。

2 諾齊克這種相當重視個人「自由」與「權利」的觀點，呈現在《無政府、國家與烏托邦》這本書中，反對羅爾斯在《正義論》中所描述的政府功能。不過諾齊克在晚年，似乎放棄了這種「右派自由主義」的立場。

3 Plan International UK's Research on Period Poverty and Stigma. 2017/12/20, last viewed 2021/05/05. https://plan-uk.org/media-centre/plan-international-uks-research-on-period-poverty-and-stigma.

4 The Pad Project introduction. last viewed 2021/05/05. https://thepadproject.org/what-we-do/.

5 資料來源：王芊淩，2021/03/26，〈COVID-19／新冠肺炎流行期間「月經貧窮」人數大增！日本政府將提供女性生理用品〉，Heho 健康，網址：https://heho.com.tw/archives/166755。

6 UNFPA. Menstruation is not a girls' or women's issue – it's a human rights issue. 2019/05/28. last viewed 2021/05/05. https://www.unfpa.org/news/menstruation-not-girls-or-womens-issue-%E2%80%93-its-human-rights-issue.

7 虔誠的心意最重要！

8 BBC News. Menstrual blood ad complaints dismissed in Australia. 2019/09/18. last viewed

2021/05/05. https://www.bbc.com/news/world-australia-49736708?fbclid=IwAR0ylmSyUZGn-OPaxFLXig9Lvs6vt-kOCoe5JWX6fKt1ongrzqq2558Uq7k.

9 資料來源：波波，2019/09/17，〈月經是種奢侈？德國公司推出《棉條書》抗議政府稅收不公〉，地球圖輯隊，網址：https://dq.yam.com/post.php?id=11602。

10 公視《有話好說》節目，周月清教授發言：https://www.youtube.com/watch?v=lTEihTydons。

11 在討論這個議題時，外籍移工（Migrant Worker）和外籍勞工（Foriegn Worker）都是常用稱呼，不過相對來說，使用「移工」這個詞，更強調這群人是透過移動，從一個地方遷移到另一個較遠地點工作的狀態。

12 勞動部勞動統計查詢網：https://statfy.mol.gov.tw/index12.aspx。

13 社福移工中，只有機構看護適用《勞基法》，有跟台灣勞工一樣的最低薪資保障；而家庭看護或家庭幫傭，因為屬於工作時間和內容沒辦法明確切割的工作性質，因此適用《就業服務法》，薪水是由勞雇雙方共同約定。目前，家庭看護的薪水依法不得低於一萬七千元。

14 監察院新聞稿：https://www.cy.gov.tw/News_Content.aspx?n=124&sms=8912&s=13009。

15 有人會以「3D 產業」來稱呼多數移工從事的工作，這些工作往往符合環境骯髒（dirty）、具危險性（dangerous），以及內容辛苦（difficult）等三個特徵。

16 指原本印尼籍移工要自己負擔的十二項規費，如機票、簽證、健檢等費用，改由台灣雇主全額負擔，目前暫時延後施行。

17 Humanitarian principles, 2020/12/16, European Civil Protection and Humanitarian Aid Operations. https://ec.europa.eu/echo/who/humanitarian-aid-and-civil-protection/humanitarian-principles_en.

18 無國界醫生組織在二〇一九年十一月十八日的聲明發表後，在十一月二十九日又再度發表聲明，向外界說明其實有派遣醫療隊到理大現場提供協助。聲明中指出，他們的醫療隊在十一月十九日下午獲得警方允許進入理大，後續也分別在二十、二十二、二十三日再度進入理大。其中，十一月十九、二十日共協助了二十九名傷病者，十一月二十二、二十三日兩天，校園內則沒有傷病者向無國界醫生求助。在這份新的聲明中，除了說明醫療隊派遣情況，還強調了組織「獨立評估」且「按需要與有關方磋商」，以及「為傷病者提供援助，不受種族、宗教、性別或政治因素左右」的態度，但仍然有大量香港網友在下方留言「太慢了」、「不再捐款」等內容。

19 A Poem by Martin Niemöller.

＊更多參考資料與延伸閱讀，請掃描各篇最後的 QR Code，在原影片下方有詳盡說明。

定位點 004

公民可以很有事

志祺七七の 議題探究 × 資訊辨識 × 觀點養成 獨門心法大公開

作者／志祺七七
採訪撰文／莊惠宇
插畫／鄭莉蓉

責任編輯／楊逸竹
文字校對／魏秋綢
封面暨版型設計／ Ancy Pi
內頁排版／連紫吟、曹任華
行銷企劃／蔡晨欣

天下雜誌群創辦人／殷允芃
董事長兼執行長／何琦瑜
媒體產品事業群
總經理／游玉雪
總監／李佩芬
版權專員／何晨瑋、黃微真

出版者／親子天下股份有限公司
地址／台北市 104 建國北路一段 96 號 4 樓
電話／（02）2509-2800　傳真／（02）2509-2462
網址／ www.parenting.com.tw
讀者服務專線／（02）2662-0332 週一～週五 09:00~17:30
讀者服務傳真／（02）2662-6048
客服信箱／ bill@cw.com.tw
法律顧問／台英國際商務法律事務所・羅明通律師
製版印刷／中原造像股份有限公司
總經銷／大和圖書有限公司　電話／（02）8990-2588
出版日期／ 2021 年 10 月第一版第一次印行
定　價／ 380 元
書　號／ BKELS004P
ISBN ／ 978-626-305-103-4（平裝）

公民可以很有事：志祺七七の 議題探究 × 資訊辨識 × 觀點養成 獨門心法大公開 / 志祺七七著 -- 第一版 -- 臺北市：親子天下，2021.10
224 面；14.8×21 公分 --（定位點；4）
ISBN 978-626-305-103-4（平裝）

1. 公民社會　2. 社會參與

541　110016139